अज्ञेय : कथाकार और विचारक

अज्ञेय

कथाकार और विचारक

विजयमोहन सिंह

वाणी प्रकाशन

वाणी प्रकाशन
4695, 21-ए, दरियागंज, नयी दिल्ली 110 002
शाखा
अशोक राजपथ, पटना 800 004
फ़ोन: +91 11 23273167 फ़ैक्स: +91 11 23275710
www.vaniprakashan.in
vaniprakashan@gmail.com

AJNEYA: KATHAKAR AUR VICHARAK
by Vijaymohan Singh

ISBN : 978-93-5000-898-0
Criticism

प्रथम संस्करण
मूल्य : ₹150

आर. टेक ऑफ़सेट, दिल्ली-110095 में मुद्रित

वाणी प्रकाशन का लोगो मक़बूल फ़िदा हुसेन की कूची से

अनुक्रम

'अन्तरालों' का साहित्य

'अज्ञेय' का सही महत्त्व उनके 'व्यक्तित्व' और 'कृतित्व' के सम्मिलित प्रभाव में है। प्रेमचन्द के बाद आकर और उनके 'प्रवाह' के बीच खड़े होकर उन्होंने पूरे हिन्दी साहित्य को एक 'नयी दिशा' देने की कोशिश की है। उनका प्रभाव सभी रूपों और सभी स्तरों पर समान रूप से पड़ा है। कथा साहित्य, कविता और मुख्यतः इन्द्रिय बोध तथा 'संवेदना' पर। 'अज्ञेय' और प्रेमचन्द के बीच जैनेन्द्र हैं। दिशा परिवर्तन की प्रक्रिया जैनेन्द्र से ही प्रारम्भ हो जाती है किन्तु जैनेन्द्र और अज्ञेय में मौलिक अन्तर भी यही है। जैनेन्द्र किसी विशेष 'संवेदना' और बोध का निर्माण करने में असमर्थ रहे। परवर्ती साहित्य को प्रेमचन्द के पश्चात् अज्ञेय ने सर्वाधिक प्रभावित किया है।

उत्तरकालीन छायावादी कवियों की भाँति 'अज्ञेय' उत्तरकालीन छायावादी कथाकार हैं। अतः संवेदना का सबसे सम्पन्न रूप अज्ञेय के साहित्य में प्राप्त होता है। रोमैंटिक संस्कारों में जीने और उससे छूटने का प्रबल आग्रह इन दोनों प्रवृत्तियों को उनकी रचनाओं में स्पष्टतः परिलक्षित किया जा सकता है! स्वयं अपने ही अनुभवों से अलग होने की चाह और एक नयी संवेदना (आधुनिक) का निर्माण करने की आकांक्षा-प्रवृत्तियों का यह मिलाजुला रूप ही 'अज्ञेय' की रचनाओं को एक विशेष व्यक्तित्व प्रदान करता है। छायावादी संवेदना और आधुनिकता के बीच का यह अन्तराल महत्त्वपूर्ण है। 'अज्ञेय' इसी 'अन्तराल' के साहित्यकार हैं। इस सन्दर्भ में उनकी कविता 'मैं सेतु हूँ' विशेषरूप में सार्थक है।

'अज्ञेय' का 'अध्ययन' इसी अन्तराल का अध्ययन है। आधुनिक साहित्य संवेदना का उचित परिप्रेक्ष्य में सही मूल्यांकन एवं विश्लेषण तब तक नहीं किया जा सकता जब तक इस अन्तराल का सही अध्ययन नहीं किया जाय।

विशेष वाक्य-विन्यास, विशेषण-निर्माण-पद्धति, चित्र-बहुलता, सांकेतिकता, गद्य तथा कविता की भाषा का समीकरण, भाषा में विचार एवं अनुभूतियों का

संलग्न उन्मेष आदि भाषा के ये समस्त गुण जो आधुनिक भाषा के अनिवार्य और आन्तरिक उपकरण हैं—वस्तुतः 'अज्ञेय' के माध्यम से ही उपलब्ध होते हैं। आगे 'अज्ञेय' की भाषा का विश्लेषण करते हुए भाषा के इस उपकरण का भी विश्लेषण किया जाएगा।

अब इस पर अलग से विचार करने की आवश्यकता नहीं है कि भाषा में इस तरह का परिवर्तन केवल 'भाषा' का 'परिवर्तन' नहीं होता और केवल भाषा की दृष्टि से उसका महत्त्व नहीं होता। बल्कि वह साहित्य सम्बन्धी सम्पूर्ण 'दृष्टिकोण' (out look) और साहित्य सम्बन्धी समस्त धारणाओं (conceptions) का परिवर्तन होता है। 'अज्ञेय' ने यही परिवर्तन लाने की चेष्टा की है और हिन्दी का आधुनिकतावादी आन्दोलन इसी परिवर्तित धारणा या 'दृष्टिकोण' का परिणाम है। (निश्चित रूप से अपने ढंग से बदलता हुआ और अपनी दिशा निर्धारित करता हुआ)।

यह 'परिवर्तित धारणा' या 'दृष्टिकोण' क्या है जिसने एक ओर 'अज्ञेय' के 'पूर्ववर्ती साहित्य' को एक नयी भंगिमा से देखने को बाध्य किया[1]—और दूसरी ओर परवर्ती साहित्य को प्रेमचन्द से पृथक् करने का प्रयास किया?

यह परिवर्तित 'धारणा' है—'जीवन' और साहित्य के प्रति एक 'शुद्धतावादी-दृष्टिकोण'! 'अज्ञेय' के व्यक्तित्व और कृतित्व पर जो 'आभिजात्य' का आरोप लगाया जाता है वह अकारण नहीं है—उसकी जड़ें गहरी हैं और उसका प्रभाव भी दूर तक है। भाषा और शिल्प में एक विशेष प्रकार के 'चयन', 'सतर्कता' और 'संयम' को लोगों ने 'अज्ञेय' का सबसे बड़ा गुण माना है। इस विशेषता के कारण ही आलोचकों ने 'अज्ञेय' को हिन्दी का अत्यन्त प्रौढ़ गद्यकार माना है।[2] किन्तु 'अज्ञेय' की यही सबसे बड़ी दुर्बलता भी रही है! इसने 'अज्ञेय' को 'रूपवादी' बना दिया है! काटकर 'चुनने' और अतिरिक्त 'सतर्कता', 'संयम' से व्यक्त करने की प्रक्रिया में अज्ञेय मूलतः 'रूप' (फार्म या फ्रेम) गढ़ते हैं। ध्यान देने योग्य तथ्य यह है उनके 'सिद्धान्त' भी उस रूप गढ़ने की प्रक्रिया के ही अंग हैं। उनके सिद्धान्त भी उनके रूपवादी स्वभाव के ही परिणाम हैं।

---

1. इस दृष्टिकोण के 'सन्दर्भ' में न केवल जैनेन्द्र और प्रेमचन्द बल्कि और भी अनेक पूर्ववर्ती साहित्यकारों को नये अर्थ में मूल्यांकन किया गया, उनके महत्त्व को कम या अधिक करने का प्रयास किया गया।
2. "यह निःसन्दिग्ध है कि इन कृतियों में केवल 'नदी के द्वीप' में ही यत्र-तत्र हिन्दी का ऐसा दृढ़बन्धः प्रौढ़ और परिष्कृत गद्य मिलता है जिसमें अंग्रेजी गद्य का उत्कर्ष आत्मसात् हो गया है।"

आ. नलिन विलोचन शर्मा

'शुद्धतावादी दृष्टिकोण'—सौन्दर्यवाद (Aestheticism) और रूपवाद को जन्म देता है। अतः रूपवादी साहित्यकार की प्रेरणा के आधार 'जीवन के अनुभव कम' और काल्पनिक आदर्शवाद तथा पुस्तकें अधिक रहती हैं!

परिणामस्वरूप 'अज्ञेय' के कथा साहित्य में 'सामान्य जीवन' प्रायः अनुपस्थित ही रहता है। प्रेमचन्द से पृथक् होने की यही प्रक्रिया है जो 'अज्ञेय' से प्रारम्भ होती है। 'सामान्य जीवन' में अरुचि और असाधारणता की ओर झुकाव 'अज्ञेय' को 'अमूर्तता' की ओर ले जाता है। कोई भी लेखक 'सामान्य जीवन' से कटकर 'अमूर्तता' की ओर ही जाने के लिए बाध्य है। फलतः 'अज्ञेय' के उपन्यासों में अमूर्तता की शृंखला दिखाई पड़ती है जो क्रमशः विकसित होती गयी है। 'शेखर' का 'विद्रोही'—'नदी के द्वीप' में दार्शनिक अमूर्तता का जामा पहन लेता है—और 'अपने-अपने अजनबी' में आकर धार्मिक रहस्यवादी का आकार ग्रहण कर लेता है।

'नदी के द्वीप'—शुद्धतावादी दृष्टिकोण का सर्वोत्तम उदाहरण है। उसका हर 'दृश्य' या 'स्थिति' इसी दृष्टिकोण को प्रमाणित करती है। सम्भवतः इसी कारण 'नदी के द्वीप' का वातावरण आजकल की हिन्दी फिल्मों की तरह है जिनकी आउटडोर शूटिंग 'बॉक्स-ऑफिस-हिट' के लिए पहाड़ों पर की जाती है। चाहे 'रेखा' की सन्दली साड़ी हो, उसका नपा-तुला व्यक्तित्व हो, मसूरी हो, नैनीताल हो, कश्मीर हो—सब एक सजे हुए सुनियोजित 'स्टेज' की तरह हमारे सामने आते हैं।

इन्हीं कारणों से 'नदी के द्वीप' एक 'प्रवाह' तथा क्रियाहीन उपन्यास बन गया। अज्ञेय की सभी कृतियों में यह दोष है—'प्रवाह' तथा क्रिया की कमी! 'क्रमबद्धता' का अभाव! क्योंकि 'चुनने' की इस संयमित प्रक्रिया में जीवन के तथाकथित और कुरूप अंशों को निकालना आवश्यक है। फलस्वरूप 'नदी के द्वीप' में 'अन्तराल' बहुत हैं! 'अज्ञेय' का पूरा कथा साहित्य इस तरह के 'अन्तरालों' का साहित्य है! इसी दृष्टि से 'नदी के द्वीप' अज्ञेय की प्रतिनिधि रचना है।

'अज्ञेय' ने अपनी तीव्र एवं व्यापक बोध निर्माण-क्षमता के आधार पर इसी 'दृष्टिकोण' की सृष्टि की है—जिसका परवर्ती साहित्य संवेदना पर बहुत गहरा और सम्भवतः हानिकर प्रभाव पड़ा है।

इस सन्दर्भ में 'अज्ञेय' को समसामयिक साहित्य के सम्मुख एक नये मूल्यांकन धरातल पर खड़ा होना पड़ता है। वे मूलतः रोमैंटिक लेखक हैं या आधुनिक? यह सवाल अनायास नहीं उठता। 'अज्ञेय' हिन्दी-साहित्य में छायावादी और रोमैंटिक संवेदना के विरुद्ध प्रवेश करने वाले लेखक हैं! लेकिन अजीब तौर पर उनके साहित्य का अध्ययन उन्हें रोमैंटिक ही अधिक सिद्ध करता है। उनके

कथा साहित्य की मूल संवेदना और 'स्वर' का विश्लेषण इसे प्रमाणित करता है। दुःख, पीड़ा, यातना आदि शब्द छायावादी संवेदना के मूलाधार हैं—महादेवी आदि की कविताओं में बार-बार प्रयुक्त होने वाले ये शब्द 'अज्ञेय' के कथा साहित्य में एक नये रूप में सामने आते हैं। (बहुत दिनों तक प्रयोगवादी स्तम्भों में भी ये शब्द भ्रमवश एक नयी संवेदना के पर्याय बने रहे हैं) 'शेखर' से लेकर 'नदी के द्वीप' और 'अपने-अपने अजनबी' तक में ये शब्द 'अज्ञेय' के दृष्टिकोण की घोषणा के रूप में प्रयुक्त हुए हैं।

लेकिन अज्ञेय के महत्त्व को केवल इस आधार पर नकारा नहीं जा सकता कि उन्होंने नये साहित्य के पथप्रदर्शक के रूप में गलत दिशा दिखाई और एक कृत्रिम संवेदना का निर्माण किया! हिन्दी-कथा-साहित्य के विकास सन्दर्भ को देखें तो पता चलेगा कि पहली बार 'अज्ञेय' कथा साहित्य से मनोरंजन को पूरी तरह बाहर निकाल सके हैं! प्रेमचन्द ने मनोरंजन को कथा साहित्य का उद्देश्य मानने से इनकार करते हुए लिखा था कि साहित्यकार का लक्ष्य केवल महफिल सजाना और मनोरंजन का सामान जुटाना नहीं है।[1]

वस्तुतः हिन्दी कथा साहित्य में आधुनिकता का विकास तथाकथित 'मनोरंजन' से दूर जाने का क्रम है। लेकिन अपनी घोषणा के बावजूद प्रेमचन्द के अधिकांश उपन्यास (आचार्य नलिन विलोचन शर्मा ने केवल 'गोदान' को अपवाद माना है) 'मनोरंजन' के ही वाहक हैं। जैनेन्द्र भी उससे मुक्त नहीं हो सके थे—बंगाली कथा परम्परा का आश्रय लेकर उन्हें भी यही करना पड़ा था। 'शेखर' का विद्रोह इसी परम्परा के विरुद्ध पहला विद्रोह है! 'शेखर' का रूप, वस्तु विन्यास, सभी कुछ हिन्दी उपन्यास की तत्कालीन परम्परा के विरुद्ध विद्रोह है।

'मनोरंजन' से दूर जाने के लिए अज्ञेय को सबसे पहले घटनाओं से दूर जाना अनिवार्य लगा था (देवकीनन्दन खत्री, प्रेमचन्द, जैनेन्द्र और उसके बाद क्रम से कथा साहित्य में घटनाएँ न्यून होती गयी हैं। 'मनोरंजन' को प्रधान उद्देश्य बतानेवाले साहित्यकार के लिए 'घटनाओं' पर निर्भर करना अनिवार्य है) और 'घटनाओं' से दूर जाने के क्रम में वे बाह्य जीवन से दूर होते गये 'समाज' के स्थान पर 'व्यक्ति' तथा 'व्यक्ति' के 'अन्तर्मानस' को उन्होंने केन्द्र बनाया। 'व्यक्ति' के 'अन्तर्मानस' विश्लेषण के लिए जो प्रचलित भाषा थी उसमें मनोवैज्ञानिक विरसता तथा रुक्षता थी (उसका एक रूप इलाचन्द्र जोशी के उपन्यासों में परिलक्षित हो रहा था)। अतः 'अज्ञेय' ने पहली बार अपने कथा साहित्य के लिए एक

1. कुछ विचार : हिन्दी उपन्यास

'कवित्वपूर्ण गद्य' (पोयटिक प्रोज) का निर्माण किया जिसमें कविता, मनोविज्ञान और वैज्ञानिक पदावली का एक सम्पृक्त रूप प्राप्त होता है।

अतः 'अज्ञेय' की सबसे महत्त्वपूर्ण उपलब्धि भाषा के क्षेत्र में है। हिन्दी कथा साहित्य को सही अर्थों में उनकी 'धनात्मक देन' उनकी भाषा ही है। उनके माध्यम से पहली बार हिन्दी में अनुभूति की भाषा का प्रवेश होता है। प्रेमचन्द और जैनेन्द्र की भाषा घटनाओं और वर्णन की भाषा है। जैनेन्द्र स्थितियों के निकट जाकर भी भाषा को उसके बाह्य स्तर तक ही सीमित रखते हैं—वहीं तक जहाँ तक कि 'घटना' और क्रम से उसका सम्बन्ध होता है।

लेकिन भाषा में बिम्ब निर्माण तथा अनुभूति विश्लेषण का विकास अज्ञेय की भाषा से होता है।

'अज्ञेय' ने भाषा का यह गुण अपने समकालीन छायावादी आन्दोलन से उतना नहीं प्राप्त किया था जितना पाश्चात्य आन्दोलनों से, मुख्यतः प्रतीकवादी आन्दोलन से (यही कारण था कि यद्यपि अज्ञेय ने अपने कथानकों की भंगिमा को जेम्स ज्वायस, वर्जिनिया वुल्फ, और लारेंस के निकट रखने की कोशिश की थी किन्तु भाषा में प्रतीकवादी संस्कार और प्रकारान्तर से रोमैंटिक संस्कार होने के कारण उनका 'शेखर' रोलाँ के ज्यांक्रिस्तोफ के अधिक निकट पड़ता है) जहाँ भाषा में एक ओर उन्होंने प्रतीक गढ़ने की कोशिश की थी वहीं दूसरी ओर एक प्रकार के गीतात्मक सौन्दर्य की सृष्टि करने का प्रयास किया था, संवेदनाओं के परम्परा मिश्रण (फ्यूजन ऑफ सेंसेज) के आधार पर।

यह भाषा घटनाओं अथवा कथा के रहस्य को उद्‌घाटित करने के बजाय अनुभूतियों के स्तरों का अन्वेषण करती है और इन्द्रिय संवेदना जाग्रत करती है। अज्ञेय की भाषा तथा उनके पूर्व प्रेमचन्द की भाषा में मौलिक अन्तर यह भी है कि प्रेमचन्द के यहाँ पूर्व निश्चित आस्था की अभिव्यक्ति है लेकिन अज्ञेय के यहाँ एक आस्था या विश्वास की तलाश है। बोध का यह अन्तर भाषा की बुनावट (टेक्सचर) को एकदम बदल देता है। अज्ञेय का बहुचर्चित मुहावरा 'राहों के अन्वेषी' इस सन्दर्भ में भी बहुत सार्थक है। उनकी भाषा 'अन्वेषण' की भाषा है इसलिए उसमें एक प्रकार की अनिश्चयात्मकता है—वैसी ही अनिश्चयात्मकता जिसकी तुलना प्रतीकवाद के पितामह 'पो' ने संगीत की अनिश्चयात्मकता से की थी। इस अनिश्चयात्मकता के कारण उनकी भाषा में संगीत की आवृत्ति, सांकेतिकता, अस्पष्टता आदि तो उत्पन्न होती ही है साथ ही इसी कारण 'शेखर' की सम्पूर्ण भाषा प्रश्नों तथा अधूरे विराम चिह्नों की भाषा हो गयी है।

'अन्वेषण' की यह भाषा सतह पर उतनी नहीं बढ़ती जितनी अपने भीतर उतरती जाती है और इसीलिए उसमें कथा नहीं कही जा सकती—वह 'आत्मान्वेषण' की भाषा है। प्रेमचन्द की भाषा की साफगोई, सुलझाव और सरलता भी उसमें नहीं मिल सकती। आत्मकेन्द्रित उपन्यासों (Subject-ivenovels) की यही स्थिति होती है—मनोरंजन गौण होते ही कथा भी गौण हो जाती है। भाषा की 'शक्ति' और उसकी सीमा दोनों का एहसास जितनी तीव्रता से हम अज्ञेय में करते हैं उतनी किसी पूर्ववर्ती उपन्यासकार में नहीं पाते! शब्दों के प्रति उनकी चेतनता हिन्दी उपन्यासकार को पहली बार साहित्य सम्बन्धी सही और मौलिक प्रश्नों के सम्मुख खड़ा कर देती है। अनेक स्थलों पर अज्ञेय शब्दों के अधूरेपन को बड़ी बेचैनी से महसूस करते हैं "शब्द अधूरे हैं, उच्चारण माँगते हैं, लेकिन शब्दों के अन्तराल, पदों वाक्यांशों की यति में, उस यति के मौन में एक शक्ति है जो उच्चारण के अधूरेपन को ढँक देती है, सम्पूर्णता देती है; और लिखने में वह नहीं है लिखना बहुत पड़ता है...जैसे स्पर्श में—हल्के से हल्के स्पर्श में कहने की जो शक्ति है वह किसी दूसरी इन्द्रिय में नहीं।" अज्ञेय की भाषा और उसकी शक्ति को ठीक-ठीक समझने के लिए ऐसे अंश विशेष रूप में सहायक हैं: मौन स्पर्श और हल्के संकेतों के द्वारा अर्थ और अनुभूति को व्यक्त करने का प्रयास!

किन्तु भाषा शब्द और चित्र की यह तलाश अज्ञेय को आधुनिक कथाकार की 'एक्योरेसी' की ओर नहीं ले आती जहाँ वह वस्तुओं की अपनी भाषा और उनकी सही भाषा, सही नाम की तलाश करता है—बल्कि उसके माध्यम से वे उसी प्रतीकवादी अस्पष्टता स्वप्न और सत्य के बीच की रहस्यमय कुहरिलता में प्रवेश करना चाहते हैं जहाँ वास्तविक जगत और कल्पना का अन्तर मिट जाता है। शब्दों की तलाश के ये दोनों रूप अज्ञेय में स्पष्ट देखे जा सकते हैं "...स्निग्ध गर्मी से भरे हुए छोटे-छोटे हाथ...एक समुद्र में तैरती सी अनुराग भरी आँखें; काले-काले तारे; स्तन; नाक की नोक पर एक कोमल हल्की गर्म रगड़...एक लम्बी सी साँस की गति जिस पर वह धीरे-धीरे उड़ता है और गिरता है, जैसे समुद्र की बिछलन पर तैरती हुई कोई वस्तु उठे और गिरे... ।...जाड़ों का एक और प्रभात—वही क्रमशः धूसर, ताम्रलोहित, लाल और फिर सफेद होनेवाली प्रातःकालीन धुंध फिर दिशाहीन आलोक, फिर अलसाई सी पहली रवि किरण... ।"

"...शशि गाती है...उसमें है एक प्रकम्पमय दीप्त, शरतकाल में सेंकी हुई आग की मीठी गरमाई; उसमें है बेला के स्वर सा घनत्व, उसमें है उषा के समय दूर पहाड़ पर बजती हुई बीन की खिंची हुई वेदना; उसमें है बरसात की रात में सुनी हुई वंशी का मर्मभेदी आग्रह और इन सबके साथ-साथ है यौवन के गहरे और टूटने

की सीमा तक आकर न टूटने वाली स्वर की ललकार सी।"

इन दो उद्धरणों में पहला उद्धरण जहाँ भाषा के द्वारा अनुभूति की एक्यूरेसी को पकड़ने का प्रयास है वहीं दूसरा उद्धरण छायावादी गद्य का एक प्रतिनिधि नमूना बन गया है।

दूसरे उद्धरण में अनुभूति का विश्लेषण करने के बजाय उस एक कवित्वपूर्ण और रहस्यपूर्ण सीमा पर छोड़ देने का आग्रह प्रमुख है। लेकिन अज्ञेय क्रमशः अपनी भाषा को छायावादी रेशों से अलगाते हुए इस एक्यूरेसी तक पहुँचने का प्रयास करते रहे हैं। 'अपने-अपने अजनबी' में वे काफी दूर तक सफल भी हुए हैं, किन्तु वहाँ उनकी भाषा दूसरी दुर्बलताओं का शिकार हो गयी है—वहाँ उनकी भाषा अधिक जड़, स्थिर और संवेदनाहीन हो गयी है—उसमें अनुवाद सा बासीपन और प्रयास की सिलवटें दिखाई देने लगी हैं। कवित्वपूर्ण कुहरिल भाषी की विशेषता होती है कि उसमें लेखक की अनुभूति तक पहुँचने की असमर्थता ढंकी रहती है—लेकिन जहाँ वह अनुभूति को पारदर्शी बनाकर उस तक नंगे शब्दों के द्वारा पहुँचने का प्रयास करता है वहाँ शब्दों की रक्तहीनता और कृत्रिमता स्पष्ट हो जाती है। 'अपने-अपने अजनबी' की भाषा के साथ यही हुआ है—"क्या ये हाथ—ये समर्थ और कर्मठ हाथ, जिसमें स्वतन्त्र इच्छा और कारक शक्ति है मेरे ही हाथ हैं?...यह मेज, यह पलंग, यह आईने का चौखटा, यह आईने में मेरी परछाईं, ये मेरे हाथ-पैर, ये मेरी उँगलियाँ और यह मेरी उँगलियों की गति कैसी भयानक है पार्थिवता, स्थूलता, यह गतिमत्ता।" अस्तित्ववादी पारिभाषिक शब्द यहाँ उचित लचक के अभाव में कृत्रिम और खोखले हो गये हैं।

इस प्रकार जैसे अपनी 'संवेदना' में 'अज्ञेय' रोमैंटिक और आधुनिक के बीच रह जाते हैं उसी प्रकार उनकी भाषा भी छायावादी गद्य और आधुनिक अनलंकृत गद्य के बीच 'सेतु' है। वे उत्तरकालीन छायावादी परम्परा के लेखक हैं—जिनमें छायावादी गद्य का उत्कर्ष अपने चरम शिखर पर पहुँच जाता है। यह आकस्मिक नहीं है कि अज्ञेय के प्रायः सभी प्रिय लेखक और कवि रोमैंटिक युग के अन्तिम चरण के हैं; ब्राउनिंग, टेनिसन, रोलाँ, लॉरेंस, टैगोर आदि। इन लेखकों के उद्धरण वे अपनी रचनाओं में स्थान-स्थान पर देते हैं जिनसे उनके पात्र और पात्रों की अनुभूतियाँ परिचालित होती हैं।

जो 'छायावाद' के सम्बन्ध में सत्य है वही अज्ञेय के सम्बन्ध में भी है। छायावाद जिस प्रकार द्विवेदी युगीन 'इतिवृत्तात्मकता' के विरोध में आया 'अज्ञेय' के उपन्यास भी उसी प्रकार प्रेमचन्दीय इतिवृत्तात्मकता की ऊब से पैदा हुए। अज्ञेय ने जैनेन्द्र से आगे बढ़कर अंग्रेजी भाषा की तराश, विश्लेषणात्मकता और

सूक्ष्मता को ग्रहण किया। लेकिन परिवर्तन के इस क्रम में अज्ञेय स्वयं को एक सन्धि पर स्थित पाते हैं: छायावादी सम्भावनाओं को शिखर पर पहुँचाकर उससे पृथक् होने की प्रक्रिया की सन्धि पर!

आधुनिकता की दिशा में 'अज्ञेय' की सर्वाधिक महत्त्वपूर्ण देन यही है कि उन्होंने पहली बार चरित्रों, अनुभूतियों और भाषा की जटिलता को समझना आरम्भ किया! जिन्दगी की उलझी हुई बाटों के बीच अपने को अचानक पाना और उस जटिलता का 'बोध' आधुनिकबोध की पहली शर्त है। 'शेखर' का 'विद्रोह' इसी अर्थ में सार्थक और आधुनिक है कि वह उस 'संवेदना' का जन्मदाता है जिसके 'सन्दर्भ' में समस्त पूर्वनिर्मित और पूर्वनिर्धारित मूल्य तथा 'नैतिकबोध' 'अजनबी' हो जाते हैं—वह उन्हें उधेड़कर देखना चाहता है—ठीक उसी प्रकार जैसे बचपन में वह 'शेर' की खाल उधेड़कर उसमें भरे हुए भूसे को बिखेर देता है। प्रेमचन्द के 'मानव' और आधुनिक मानव में मौलिक अन्तर यही है कि उसका 'संघर्ष' समाज से सन्तुलन स्थापित करने के लिए होता था : व्यक्ति की आन्तरिक चेतना तब विद्रोह भी करती थी तो तत्काल संशोधित करके स्वयं को सामाजिक मान्यताओं के अनुरूप ढाल लेती थी! किन्तु आधुनिक मानव प्रत्येक प्रश्न को नये सिरे से देखता है, हर अनुभव को नये स्तर पर जीता है—सामाजिक मूल्यों को न तो आलिंगित करता है और न उनकी ओर पीठ करके खड़ा होता है बल्कि उन्हें उधेड़कर देखना चाहता है—उनके हौवे के भीतर से वह 'भूसा' बिखेर देता है। 'शेखर' इसी अर्थ में आधुनिकता की दिशा का आभास देनेवाला पहला उपन्यास है।

'अज्ञेय' का सही महत्त्व इस बात में है कि वे तमाम सवाल जो साहित्य के सम्बन्ध में और साहित्य के सन्दर्भ में उनसे पूर्व नहीं उठाये जाते थे—उन्होंने उठाये। साहित्य को संवेदना का एक बृहत्तर सन्दर्भ उन्होंने प्रदान किया। अज्ञेय के पात्र और उनकी भाषा यद्यपि आधुनिक नहीं है किन्तु आधुनिकता के सन्दर्भ की पहचान 'अज्ञेय' से ही शुरू होती है। उनकी ये उपलब्धियाँ हिन्दी साहित्य तथा हिन्दी-पाठक की तत्कालीन अपरिपक्वता के 'सन्दर्भ' में विशेष महत्त्वपूर्ण हैं।

'अज्ञेय' ने किस प्रकार साहित्य सम्बन्धी प्रश्नों और समस्याओं को व्यापक सन्दर्भ में देखना प्रारम्भ किया—इसे एक उदाहरण से अधिक स्पष्ट किया जा सकता है। 'अज्ञेय' की कहानी 'शरणदाता' एक सामाजिक कहानी है: हिन्दू-मुसलमान दंगे से सम्बन्धित। उक्त विषय से सम्बन्धित हिन्दी-उर्दू की दर्जनों कहानियाँ हैं। विषय की विभीषिका को रोमांचक रूप देकर पाठक को उद्वेलनशील बनाना—सामान्यतः इन कहानियों का लक्ष्य होता है। इस उद्देश्य से लिखी गयी ऐसी कहानियों की सफलता का रहस्य यही होता है (यथा कृष्णचन्द्र

की 'पेशावर एक्सप्रेस')। लेकिन अज्ञेय ने 'शरणदाता' में विषय की तात्कालिकता और घटनात्मकता से ऊपर उठकर उसे सांस्कृतिक और नैतिक मूल्यों के संकट के रूप में देखा है। कहानी 'पेशावर एक्सप्रेस' की तरह किसी दिल हिलानेवाले मार्मिक 'चरमबिन्दु' तक नहीं पहुँचती बल्कि अपनी तटस्थ शैली की गम्भीरता में ही व्यापक सांस्कृतिक संकट का संकेत दे देती है।

तात्कालिकता से ऊपर उठना और सन्दर्भों की व्यापकता—यह आधुनिक जीवन-बोध है। अज्ञेय इसी अर्थ में आधुनिक हैं। किन्तु उसके बाद ही उनकी आधुनिकता बाधित होती है। यहीं कोई लेखक अपने युग की सीमाओं और संस्कारों से किस प्रकार बँधा रहता है इसका सर्वोत्तम उदाहरण वे प्रस्तुत करते हैं: उनके 'सन्दर्भ' व्यापक होकर युग की सामयिक स्थिति या दृढ़-समस्याओं तक नहीं पहुँचते। वे दिशाच्युत होकर रोमैंटिक युग की कुहाच्छन्न रहस्यमयता और आध्यात्मिकता में खो जाते हैं। उदाहरण है 'नदी के द्वीप'। नदी के द्वीप हिन्दी के रोमैंटिक युग की सर्वोत्तम कथाकृति है। रोमैंटिकता अपने सर्वश्रेष्ठ उपकरणों के साथ नदी के द्वीप में उपलब्ध है। उसमें आधुनिकता ढूँढ़ना व्यर्थ है। अपने शिल्प में नदी के द्वीप शेखर से प्रौढ़ कृति है किन्तु 'बोध' के विकासक्रम में वह शेखर से पीछे की रचना है। जो 'संकट बोध' और प्रश्नों को उधेड़े हुए सिरे से देखने की प्रवृत्ति 'शेखर' में दिखाई पड़ती है वह 'नदी के द्वीप' में समाप्त हो जाती है। 'शेखर' का लेखक जीवन के प्रति और जीवन के द्वारा जितना बेचैन और परेशान है—नदी के द्वीप का लेखक उस अनुपात में शून्य है। जीवन के प्रति यह 'बेचैनी' आधुनिकता का आवश्यक उपकरण तो है ही साथ ही उपन्यास और उपन्यासकार के बड़े होने की भी पहचान है।[1] नदी के द्वीप की सहज मानवीयता, संवेदनशीलता इन्हीं कारणों से अपर्याप्त प्रतीत होती है—उसकी पीड़ा और दुख एक सुविधाजनक परिस्थिति का विलास ही बन पाता है—मानवीय-तलाशों से परे की कृत्रिम ओढ़ी हुई अनुभूति! 'शेखर' की 'तलाश' और 'बेचैनी' 'नदी के द्वीप' में समाप्त हो जाती है। 'शेखर' 'नदी के द्वीप' से अधिक आधुनिकता के निकट है।

'नदी के द्वीप' में मैनफ्राइडे (भुवन) का यमुना के कछार पर घरौंदे बनाना—यह एक दृश्य उपन्यास के पूरे टोन को व्यक्त करता है: एक सहज 'रोमैंटिक टोन'? पूरी पुस्तक में स्थान-स्थान पर रवीन्द्रनाथ, ब्राउनिंग, टेनिसन आदि की कविताएँ

---

1. एफ.आर. लेविस की उपन्यासकार बेनेट के सम्बन्ध में ये पंक्तियाँ प्रस्तुत सन्दर्भ में महत्वपूर्ण हैं "...For all the generous sente of common humanity to be found in his best work, Bennet seems to me never to have been disturbed enough by life to come anywhere near greatness." *'The great Tradition.'*

अकारण नहीं हैं—उनके आधार पर 'नदी के द्वीप' के स्तर को समझा जा सकता है: वे अज्ञेय के 'कथानक' की अपूर्णता, कृत्रिमता और जीवनानुभव से उनके पार्थक्य को द्योतित करती है: अनुभव जहाँ अधूरे पड़ते हैं या अप्रौढ़ होते हैं वहीं हम दूसरों की पंक्तियों के सूत्रों का आश्रय लेते हैं। अज्ञेय का पूरा साहित्य विचारों का साहित्य है अनुभव का नहीं (अत्यन्त व्यक्तिगत अनुभवों पर आधारित होते हुए भी—इसी कारण वस्तुतः ऐसा साहित्य विचारों का भी नहीं होता)। ऐसे विचार—चाहे जितने पूर्ण सुनियोजित और परिश्रम सिद्ध क्यों न हों—अनुभव के आगे हमेशा अधूरे और कृत्रिम होते हैं। अज्ञेय का साहित्य इसका बेहद अच्छा या शायद—अपने ढंग का अकेला उदाहरण पेश करता है। अज्ञेय अकसर निष्कर्ष विचार सूत्रों में निकालते हैं, अनुभव की घटनात्मकता या गतिमयता से नहीं। अनुभव के सबसे बड़े कथाकार हेमिंग्वे की किसी रचना में 'विचारसूत्र' मुश्किल से मिलेंगे। गति (Action) से उत्पन्न अनुभव की तीखी कौंध पाठक के विचारों को छीलती हुई निकल जाएगी; भाषा वहाँ पारदर्शी होकर माध्यम का गुण खोती हुई 'अनुभव' का अंग बन जाती है। लेकिन 'अज्ञेय' के निष्कर्ष और उपचार (Treatment) 'सूत्रात्मक' होते हैं। उनकी बहुचर्चित कहानियाँ 'शत्रु' और 'शरणदाता' में यह प्रवृत्ति अपने चरमरूप में प्राप्त होती है। 'शरणदाता' कहानी का अन्त देखें "दुनिया में खतरा बुरे की ताकत के कारण नहीं है, अच्छे की दुर्बलता के कारण है। भलाई की साहसहीनता ही बड़ी बुराई है।" कहानी का यह सूत्रात्मक अन्त कहानी के शिल्प को तो शिथिल करता ही है साथ ही कथा तक की कृत्रिमता भी जाहिर करता है (अज्ञेय की अधिकांश कविताओं में भी यही दोष है)। 'नदी के द्वीप' और अज्ञेय के सबसे नये तथा अन्तिम उपन्यास 'अपने-अपने अजनबी' में भी ऐसे 'सूत्र' भरे पड़े हैं।

यह 'सूत्रात्मकता' आधुनिकता विरोधी प्रवृत्ति है और दुर्बल शिल्प का उदाहरण है। अजीब तौर पर यह 'सूत्रात्मक प्रवृत्ति' 'रोमैंटिकता' तथा आधुनिकता के बीच 'अज्ञेय' की सुविधाजनक स्थिति को और भी स्पष्ट करती है। सूत्रों में सोचनेवाले लेखक की संवेदना रोंमैटिक होने को बाध्य है क्योंकि सूत्रों के द्वारा वह किसी 'अन्तिम सत्य' की तलाश करता है और अनुभवों से निष्कर्ष निकालने की कोशिश करता है जबकि आधुनिक लेखक जानता है कि 'अन्तिम सत्य' कुछ होता नहीं और 'अनुभव' हमें किसी निष्कर्ष पर नहीं पहुँचाते। किसी निष्कर्ष पर पहुँचने के पूर्व ही 'पुराना अनुभव' नये अनुभव की कभी न खत्म होने वाली शृंखला में जुड़ जाता है। इसलिए वह अनुभवों को निरन्तर चलने वाली 'गति' के रूप में देखता है:

"The writer is not God, nor is he a super psychologist; He does not explain, he describes. His function is rather to describe a field of perception of which his own subjectivity and other peoples objectivity are interconnected incidents, perpetually reacting to each other..."

(J.G. Weightman: Nathalic Sarraute, Encounter June 1964)

'नये उपन्यास' (New Novel) के सन्दर्भ में वेटमैन का यह कथन यद्यपि आधुनिकता का कोई सर्वस्वीकृत सिद्धान्त नहीं है किन्तु यह आधुनिक लेखक पुराने रोमैंटिक लेखक से पार्थक्य की स्पष्ट सूचना देता है। 'अज्ञेय' के सूत्रात्मक निष्कर्ष उनके 'उपचार' (Treatment) की रोमैंटिक चेतना को ज्यादा स्पष्टता से प्रमाणित करते हैं। बल्कि कभी-कभी उनकी यह प्रवृत्ति उन्हें और पीछे ले जाकर कथा के उस युग में बैठा देती है जहाँ हितोपदेश शैली में कथा का अन्त उपदेश-सूत्रों में निहित रहता है। अज्ञेय के 'सूत्रात्मक निष्कर्ष' उनकी कथाकृतियों के सबसे दुर्बल अंश हैं और इससे उनकी आधुनिकता बहुत दूर तक बाधित होती है। शिल्प और संवेदना का अविच्छिन्न सम्बन्ध इसी प्रकार लेखक के दृष्टिकोण की वास्तविकता उद्‌घाटित करता है।

एक कलाकार की कहानी

(शेखर)

एक लम्बे अरसे तक 'शेखर' हिन्दी का सबसे अधिक चर्चित तथा विवादास्पद उपन्यास रहा है। 'अज्ञेय' 'शेखर' के माध्यम से हिन्दी उपन्यास जगत में प्रवेश करते हैं और हिन्दी उपन्यास एक नये युग में! 'शेखर' हिन्दी कथा साहित्य में सम्भावनाओं का एक ज्वार लेकर आया! उसका महत्त्व सम्भावनाओं के इस संकेत-रूप में ही अधिक है।

'शेखर' दो खंडों में उपलब्ध है—तीसरे खंड की घोषणा के साथ (किन्तु सम्भवतः तीसरा खंड अब प्रकाशित नहीं होगा, उसके बाद 'अज्ञेय' के दो दूसरे उपन्यास आ चुके हैं—'नदी के द्वीप' और 'अपने-अपने अजनबी'!)

'अज्ञेय' मूलतः एक 'प्रयोगवादी साहित्यकार' हैं—साहित्य की सभी विधाओं में उन्होंने प्रयोग किये हैं—'शेखर' हिन्दी का पहला प्रयोगवादी उपन्यास है। 'अज्ञेय' के सभी प्रयोग 'वस्तु' से अधिक 'रूप' से सम्बन्ध रखने वाले हैं—'शेखर' एक प्रयोगवादी शिल्प का ही उदाहरण है। वह हिन्दी का पहला आधुनिक उपन्यास है—इस अर्थ में कि वह पहली बार आधुनिक युग की ज्ञानविधाओं और उपकरणों को एक उपन्यास के रूप में प्रस्तुत कर सका है। वह वस्तुतः एक मिश्रित शिल्प का उदाहरण हैः फोटोग्राफी, चित्रकला, मूर्तिकला, कविता तथा मनोविश्लेषण पद्धति का। इन विविध शिल्पों से हिन्दी कथा साहित्य आज समृद्ध है किन्तु 'शेखर' इन सबकी शुरुआत है। उसका अध्ययन इन्हीं दृष्टियों से होना चाहिए! सम्भवतः उसमें वह 'दर्शन' या 'दृष्टिकोण' या विद्रोही का चरित्र उतना महत्त्वपूर्ण नहीं जिसे प्रायः प्रत्येक हिन्दी आलोचक ने अपना केन्द्र बनाया है—उस दृष्टि से तो वह एक 'रोमैंटिक' उपन्यास है—युग की तत्कालीन परम्परा से पृथक् नहीं, उसके अनुरूप ही!

'शेखर'—भूमिका की विस्तृत घोषणा तथा कथाक्रम में की गयी 'प्रतिज्ञाओं' के अनुसार व्यक्ति 'मानस' का विश्लेषण है—वह 'व्यक्ति' भी 'सामान्य' नहीं, 'विद्रोही व्यक्ति'! तथा यह 'विश्लेषण' सामान्य क्षणों में नहीं—एक विशेष 'Vision' में मृत्यु के आतंक से उत्पन्न एक Vision: "... शेखरः एक जीवनी ... 'घनीभूत वेदना' की केवल एक रात में देखे Vision को शब्दबद्ध करने का प्रयत्न है और वेदना में एक शक्ति है जो दृष्टि देती है। जो यातना में है वह द्रष्टा हो सकता है।" (भूमिका, शेखर-1)[1] इस प्रकार लेखक की घोषणा के अनुसार 'शेखर' 'मानसविश्लेषण' के द्वारा एक विशेष 'दर्शन' के निर्माण का प्रयास भी है। लेकिन हम देखेंगे कि लेखक किसी 'दर्शन' का निर्माता तो नहीं पर कथा साहित्य में एक विशेष शिल्प का जन्मदाता जरूर बन गया है।

इस विशेष शिल्प का निर्माण लेखक ने उपन्यास कला सम्बन्धी समस्त पूर्ववर्ती मान्यताओं को तोड़कर किया हैः ('शेखर' और उसके लेखक का विद्रोह उस क्षेत्र में जो ज्यादा सफल है) सबसे पहले कथाक्रम को तोड़करः वह फ्लेशबैक टेकनिक में लिखा गया है। जिसमें स्मृति ही प्रधान है। स्मृति की स्वाभाविक प्रक्रिया का निर्वाह करने के लिए लेखक ने मनोविज्ञान की 'मुक्त साहचर्य प्रक्रिया' (Free Association) का आश्रय लिया है—फलस्वरूप कथाक्रम को तोड़ने का उसने एक तर्कसंगत मार्ग निकाल लिया है। स्मृति के अँधेरे में क्रम रहता भी नहीं, अतीत गह्वर से स्मृतियाँ क्रमहीन खंडचित्रों के रूप में आती हैं—पहले वे चित्र जो सबसे तीखे, सबसे स्थायी हैं वे! किन्तु क्रमशः ये खंडित चित्र एक अतीत प्रवाह के रूप में परिणत हो जाते हैं—और दूसरे भाग तक आते-आते 'कथा' एक सहज उपन्यास के रूप में बदल जाती है—शिल्प का यह परिवर्तन अत्यन्त सहज किन्तु कलात्मक है। प्रथम खंड में 'शेखर' कहता है "जैसे मोतियों की माला टूट गयी हो, और बिखरे मोतियों को फिर एक बेतरतीब लड़ी में पिरो दिया जाय, उसी तरह मेरी स्मृतियों की तरतीब उलझ सी गयी है।" शेखर की 'स्मृतियों का यह उलझाव' अत्यन्त कौशलपूर्ण और सतर्क उलझाव है—'मुक्त साहचर्य प्रक्रिया' के द्वारा लेखक स्मृति के मोतियों को चुन-चुन कर एक लड़ी में पिरोता जाता है।

'स्मृतियाँ'—चित्रों के रूप में आती हैं—और—'अज्ञेय' में 'बिम्ब-निर्माण' की अद्‌भुत क्षमता है— ये चित्र समृद्ध 'मिश्रित-शिल्प' के अन्यतम उदाहरण हैं। कभी

---

1. शेखर—1, 1940 में प्रकाशित
   शेखर—2, 1944 में प्रकाशित

वे दूर से दिखाए जाते हैं—'फोटाग्राफी' के 'लांग-शॉट' की तरह धुँधले, कभी-कभी 'आउट ऑफ फोकस' भी—और कभी अचानक से क्लोजअप के रूप में पाठक की दृष्टि को घेरकर एक पूर्ण-बिम्ब बन जाते हैं।

'मूर्तियों' की भाँति 'अज्ञेय' अपने चित्रों को तराशते हैं—एक-एक रेखा को उभारते हुए—खासतौर पर जब वे व्यक्ति चित्र उपस्थित करते हैं—

"शेखर शान्ति के कंठ की ओर देखने लगा। कितना श्वेत, चाँदनी की तरह शुभ्र था वह! और त्वचा मानो पारदर्शी थी—शेखर को उसमें नाड़ियों की स्पन्दनयुक्त नीली रेखाएँ साफ दीख रही थीं...।" इसी प्रकार जब वे दृश्य अंकित करते हैं तो वह 'चित्र-कला' के 'लैंडस्केप' की तरह विविध रंगों और प्रकाश छाया के हल्के-हल्के शेड्स में हमारे सामने अपने जीवित रूप में खुल जाता है:

"बजरा जेहलम की नहर में से होकर अब मानसबल झील में प्रवेश कर रहा है। जेहलम का गँदला पानी पार किया जा चुका है,... अब तो झील की निर्मलता, आकाश की अनभ्रता को प्रतिबिम्बित कर रही है और झील के अन्तर में उगती हुई लम्बी-लम्बी घास सूर्य की ज्योति को प्रतिबिम्बित करती हुई अनेक रंगों में चमक रही है, कहीं सुनहरी, कहीं लाल, कहीं एक प्रोज्ज्वल हरापन लिये हुए। उनके हरेपन को चीरकर कभी-कभी कोई किरण तल पर पड़े किसी पत्थर को चमका देती है।" अथवा "जाड़ों का एक और प्रभात—वही क्रमशः धूसर, ताम्रलोहित, लाल और फिर सफेद होनेवाली प्रातःकालीन धुंध, फिर दिशाहीन आलोक, फिर अलसायी सी पहली रवि किरण...।"

इस प्रकार के चित्रात्मक गद्य का प्रयोग 'अज्ञेय' से पूर्व हिन्दी कथा साहित्य में नहीं हो सका था। पहले ही लिखा गया है कि 'अज्ञेय' कथा साहित्य में 'अनुभूतियों की भाषा' के और 'काव्यात्मक गद्य' के पहले लेखक हैं। लेकिन उनका यह गद्य छायावादियों और प्रसाद जी के गद्य से सर्वथा भिन्न है जो केवल भावावेग से भरा हुआ 'ढीला' (Loose) और कल्पना के कुहा में अनुभूति को धुँधला कर देनेवाला होता था। यहाँ ऊपर के उद्धरण प्रमाण हैं कि अज्ञेय ने अनुभूति की हल्की से हल्की सिलवट को व्यक्त कर देनेवाले सटीक शब्द की खोज की और बाह्य दृश्य को अपनी वस्तुगत चित्रात्मकता में व्यक्त करनेवाले शब्द-बिम्बों का निर्माण किया। 'अज्ञेय' की इन भाषा तथा शिल्पगत उपलब्धियों के मूल में छायावादी तथा रोमैंटिक परम्परा से अधिक प्रतीकवादी आन्दोलन था! फ्रांसीसी प्रतीकवादी आन्दोलन मूलतः कविता के 'टेक्सचर' और 'शिल्प' का आन्दोलन था। उसकी विशेषताओं के सन्दर्भ में अज्ञेय की भाषा तथा शिल्पगत उपलब्धियों को सहज ही समझा जा सकता है। एडमंड विलसन ने अपनी प्रसिद्ध पुस्तक 'Axel's

Castle' में प्रतीकवादी विशेषताओं को बड़ी स्पष्टता से व्यक्त किया है:

> "To **intimate** things rather than **state** them plainly was thus one of the primary aims of the symbolists...Every feeling or sensation we have, every moment of consciousness, is different from every other...And it is the poets task **to find to invent** the **special language** which will alone be capable of expressing his personality and feelings...The symbolists themselves, full of the idea of producing with **poetry effects** like those of music, tended to think of these in ages as possessing an abstract value like **musical notes and chords.**"

'अज्ञेय' के 'शिल्प' में ये प्रतीकवादी उपकरण अपने अविकल रूप में उपस्थित मिलते हैं अपनी शक्तियों और दुर्बलताओं दोनों के साथ। 'शेखर' इसी प्रकरण 'State' करने की शैली में नहीं लिखा गया है—वह एक विशेष भाषा की 'तलाश' है जिसमें 'संगीत और कविता' दोनों के गुण धुलकर मुखरित चित्र बन गये हैं—विभिन्न इन्द्रिय संवेदनाओं के 'संश्लेषण' से उत्पन्न चित्र। 'संगीत' में 'आवृत्ति' तथा लौटनेवाले स्वर होते हैं। शेखर में यह आवृत्ति और लौटने वाले स्वर विशेष प्रभाव की सृष्टि करते हैं—मसलन एक स्थान पर लेखक कहता है "मेघाच्छन्न आकाश, प्रकाशहीन सायंकाल, पर्वत अचंचल... और उड़ते-उड़ते सहसा पंख टूट जाने से विवश गिरता हुआ अकेला ही एक पंछी जो गिरता है और फिर अपनी उड़ान, अपना स्थान पा लेने के लिए छटपटा रहा है, छटपटा रहा है ...।" और फिर उन्हीं पंक्तियों की आवृत्ति होती है किंचित भिन्न सन्दर्भ में—तब इस आवृत्ति में ही मार्मिक अनुभूति की सृष्टि होती है। इसी प्रकार एक पंक्ति "शादी के बाद रमा अपने पति के घर चली गयी।" अनेक बार दुहराई जाती है—और 'आवृत्ति' के प्रत्येक मोड़ पर वह संगीत की सी एक अमूर्त किन्तु कारुणिक मार्मिकता उत्पन्न करती है।

इसी कारण यद्यपि 'शेखर' की भाषा प्रेमचन्द के विपरीत आश्चर्यजनक रूप से 'तत्सम' है जो आसानी से जड़ भाषा में बदल सकती थी लेकिन शब्दों के संवेगात्मक प्रयोग (Imotive use) के कारण वे शब्द भावावेग के विद्युत-प्रवाह के पूरित हैं। शेखर में कहीं-कहीं छायावादी भाषा की तरलता प्रधान हो गयी है (किन्तु नदी के द्वीप में वह और अधिक 'संयत' और 'समृद्ध' हो गयी है)— पर अधिकांश स्थलों पर लेखक के मनोविज्ञान तथा विज्ञान के पारिभाषिक शब्दों के द्वारा कविता और गद्य के बीच का ठोसपन (सॉलिडनेस) बनाए रखा है। 'मिश्रित-शिल्प' का

सफल प्रयोग कर 'अज्ञेय' हिन्दी गद्य में एक सर्वथा नूतन गद्य की रचना करते हैं। इसके अतिरिक्त समस्त कला-विधाओं के अन्योन्याश्रित सम्बन्ध को पहली बार हिन्दी पाठक अनुभव करता है! आधुनिक शिल्प-विधान की ओर यह एक महत्त्वपूर्ण विकास है।

'शेखर' हिन्दी का पहला 'मनोविश्लेषणात्मक' उपन्यास है जिसमें आवश्यक कलात्मकता का निर्वाह करते हुए भी 'मनोविश्लेषण' की शास्त्रीय पद्धति का प्रयोग किया गया है। 'मनोविश्लेषण' के अन्तर्गत 'शिशुमानस' तथा 'किशोर-मन' का विशेष महत्त्व है अतएव 'शेखर' की मुख्य 'कथा' 'शेखर' के शिशु तथा किशोर रूप से ही अधिक सम्बन्धित है! बल्कि जहाँ शेखर का कैशोर्य समाप्त हो जाता है वहाँ से लेखक 'विश्लेषण' को गौण बनाकर 'कथाक्रम' और 'प्रभावसृष्टि' पर ही विशेष ध्यान देने लगता है। शेखर भाग-2 में विश्लेषण-'पद्धति' न्यूनतम है।

'शेखर', उपन्यास के उस युग में लिखा गया था जब मनोविश्लेषण के आदि आचार्य 'फ्रायड' और उनसे प्रभावित साहित्य विदेशों में तेजी से लिखा जा रहा था। शेखर पर जिस प्रकार विदेशी 'कला आन्दोलनों' का प्रभाव है उसी प्रकार विदेशी कथा-कृतियों का भी—और यह प्रभाव भी 'अज्ञेय' की कला पर मिश्रित रूप में ही पड़ा है! इस प्रभाव में पर्याप्त विरोधाभास देखा जा सकता है—वरना 'मनोविश्लेषण' पद्धति पर आधारित 'शेखर'—रोम्याँ रोलाँ के 'ज्यां क्रिस्तोफ' की रोमानियत में खो नहीं जाता! वैसे 'व्यक्ति' को कथा का केन्द्र बनाने में ही 'मनोविज्ञान' की प्रधानता हैः रोमैंटिक युग ने 'व्यक्ति' की महत्ता को उद्घाटित कर ही दिया था इसलिए जब 'मनोविज्ञान' ने व्यक्ति की 'आन्तरिक चेतना' के महत्त्व को वैज्ञानिक ढंग से प्रकाशित कर दिया तो विदेशों में मनोवैज्ञानिक साहित्य की बाढ़ सी आ गयी—जेम्स ज्वायस, वर्जिनिया वुल्फ आदि उपन्यासकारों ने इस पद्धति को अपनी कथाओं का केन्द्र बनाया। साहित्य में मनोविज्ञान के प्रवेश के प्रभाव पर वर्जिनिया वुल्फ ने लिखा था : "Let us not take it for granted that life exits more fully in what is commonly thought big than what is commonly thought small." (Modern Fiction...'The common reader') 'शेखर' इसी कारण जब अपने 'व्यक्तित्व' और जीवन पर सोचना प्रारम्भ करता है तो वह जीवन की तथाकथित 'बड़ी' घटनाओं के सम्बन्ध में उतना नहीं सोचता जितना छोटी-छोटी घटनाओं और दृश्यों का विश्लेषण करता है। 'शेखर' की सूक्ष्म विश्लेषण-पद्धति के पीछे मनोविज्ञान का यह आधारभूत सिद्धान्त वर्तमान है। वह 'घनीभूत वेदना' के आघात से उत्पन्न vision में हठात् अपने असम्पुटित 'अचेतन' से अपने व्यक्तित्व के निर्धारित तत्वों को प्राप्त करना

चाहता है—(लेकिन हम देखेंगे कि इस प्रकार की 'घनीभूत वेदना' से 'अचेतन' वस्तुतः खुलता नहीं—यह लेखक का भ्रम मात्र है) और इसलिए अपने 'अचेतन' से अपने 'व्यक्तित्व' के प्रेरक तत्त्वों को पाने के प्रयास में 'शेखर' अपने 'चेतन' और 'अहं' के ही विविध स्तरों पर भ्रमता रहता है।

इन 'छोटी घटनाओं' के विश्लेषण में 'शेखर' 'शिशुमन' तथा 'किशोरमन' के उन स्तरों पर विशेष रूप से बल देता है जो विविध मनोवैज्ञानिक 'ग्रन्थियों' के निर्माण में योग देती हैं। वह अपने माता-पिता तथा अपने सम्बन्धों को कथा के केन्द्र में रखता है। बालक के विकास पर, माता-पिता से उसके सम्बन्धों का विशेष प्रभाव पड़ता है। 'शेखर' को लेखक बालक के मन पर माता-पिता के प्रभाव में उचित मनोवैज्ञानिकता का निर्वाह नहीं कर सका है। यह अजीब है कि वह अपनी माँ से नफरत करता है और जीवनभर उसे क्षमा नहीं कर पाता—जब वह अपने क्रान्तिकारी होने के कारणों का विश्लेषण करता है तो पाता है कि "जब कभी मुझे विचार आता है कि मेरे आज यहाँ होने के कारणों में से एक कारण यह भी हो सकता है—यह अविश्वास की प्रतिक्रिया तब न जाने क्यों माँ को इस विराट परिवर्तन के लिए, इस इतने गहरे प्रभाव के लिए, श्रेय देने की इच्छा नहीं होती! न जाने क्यों मेरा जी चाहता है, उसके इतने भी उपकार का भागी न होऊँ, उसके इस अनिच्छित-से प्रभाव के लिए भी उसका आभारी न रहूँ।" 'अविश्वास की प्रतिक्रिया' में अपनी माँ को जीवन भर क्षमा न कर पाना—यह एक मनोवैज्ञानिक भूल है! फ्रायड ने अपने New Introductroy Lectures में ठीक ऐसी ही 'कृति' का हवाला देते हुए कृतिकार की आलोचना की है—जिससे पुत्र माँ को इसलिए जीवनभर क्षमा नहीं कर पाता कि वह उसे सम्यक स्नेह नहीं दे सकी "When the child grew up into a man of great power, he proved beyond all doubt by his behaviour that he had never forgiven his mother." लेकिन पुत्र की इस प्रवृत्ति के सम्बन्ध में फ्रायड ने आगे जोड़ दिया है कि "If you will bear in mind the importance of motherlove for the mental life of the child, you will be able to make the necessary correction in the interiority theory of the biographer."

(New Introductory Lecturers : Anatomy of the Mental personality) इसी आधार पर 'शेखर' के लेखक की विश्लेषणात्मक त्रुटि लक्षित की जा सकती है। इसके बावजूद अन्य स्थलों पर लेखक ने 'शिशु' तथा किशोर-मन का विश्लेषण पर्याप्त ईमानदारी एवं कलात्मकता से मनोवैज्ञानिकता को निर्वाह करते हुए किया है। और कहीं-कहीं यह मनोवैज्ञानिकता ज्यादा किताबी भी हो

गयी है—यथा—शेखर—1 के निम्नांकित कतिपय प्रसंगः बालक शेखर के मन पर घास-फूस भरे बाघ का प्रभाव भीषण आतंक के रूप में पड़ता है—वह सपनों में असंख्य बाघों को देखने लगा और "वह डर अपने-आप ही मिटा"। वह चाकू लेकर बाघ को चीर देता है और घास-फूस को बिखेर देता है तथा शिक्षा पाता है कि "संसार की सब भयानक वस्तुएँ हैं, केवल एक घास-फूस से भरा निर्जीव चाम है जिससे डरना मूर्खता है।" इस प्रकार की किताबी मनोवैज्ञानिकता तथा स्थूल उपदेशों से 'शेखर' का कलात्मक और काव्यात्मक प्रभाव नष्ट होता है। वह 'छोटी-छोटी घटनाओं' की 'जाँच' करने के प्रयास में तथाकथित किताबी मनोवैज्ञानिकता में उलझ जाता है। इस प्रकार का 'विरोधाभास'—शेखर की भाषा, उनके मनोविश्लेषण तथा उसके दृष्टिकोण अथवा जीवन-दर्शन सबमें प्राप्त होता है। इससे 'शेखर'—अपने शिल्प तथा दृष्टिकोण दोनों ही दृष्टियों से एक 'प्रौढ़-कृति' नहीं बन सका है। इसी कारण मैंने ऊपर कहा है कि 'शेखर' का महत्त्व हिन्दी-कथा साहित्य और उसके शिल्प में अनेक अछूती सम्भावनाओं का द्वार खोलने के कारण ही है। वह एक उपलब्धि नहीं है—बल्कि 'अन्वेषण' की सतत चेष्टा है! स्वयं 'अज्ञेय' ने बड़ी ईमानदारी से कविता के प्रसंग में स्वीकार किया है कि वे राहों के अन्वेषी हैं (दूसरा सप्तक की भूमिका)।

पहले अध्याय में 'अज्ञेय' की कृतियों के रोमैंटिक रूप की ओर संकेत किया गया हैः 'व्यक्ति चेतना' सम्बन्धी मनोवैज्ञानिकता भी कहीं न कहीं रोमैंटिक प्रवृत्ति से ही परिचालित होती है (आगे हम 'शेखर के विद्रोही रूप और उसके दृष्टिकोण' की 'रोमैंटिकता' को भी समझने का प्रयास करेंगे!) 'व्यक्ति' को केन्द्र बनाना रोमैंटिक आन्दोलन का उद्देश्य था और 'व्यक्ति' की अन्तश्चेतना में उतरना 'मनोविश्लेषण' का! इस भाँति दोनों ही व्यक्ति को महिमामंडित करने अथवा कुछ प्रवृत्तिजन्य व्यवहारों का पुंज मानते हैं—लेकिन दोनों ही 'अचेतन' (Unconscious) पर समान रूप से बल देते हैं—और उसके माध्यम से एक प्रकार के 'रहस्य' और 'अलक्षित शक्ति' में विश्वास करते हैं। फ्रायड ने अचेतन को ही 'The true psychic Reality' माना! फ्रायड द्वारा 'स्वप्न' के महत्त्व प्रमाणित किये जाने से रोमैंटिक 'स्वप्न-द्रष्टाओं' को एक नया आधार मिला! अतः फ्रायडियन 'मनोविश्लेषण' ने रोमैंटिक प्रवृत्तियों को ही एक नयी दिशा में विकसित किया! "In essence they provoke a series of raids on the inarticulate, the basic function of which to seek an answer to the questions, 'who am I and what is the nature of my experience?' They represent, that is, extreme varieties of the Romantic mode."

(The Modern Age: 'The social and Intellectual Back ground' by G.H. Bantock.) प्रस्तुत सन्दर्भ में 'शेखर' के 'शिल्प' तथा उसकी 'मनोवैज्ञानिकता' दोनों पर रोमैंटिक प्रभाव को स्पष्टतः परिलक्षित किया जा सकता है। प्रकारान्तर से वह छायावादी दृष्टिकोण की ही चरम-विविधताओं को प्रस्तुत करता है।

× × ×

'शेखर' 'विद्रोही' है– जिसे लेखक ने 'क्रान्तिकारी' कहा है। 'अज्ञेय' 'विद्रोही' तथा 'क्रान्तिकारी' दोनों शब्दों को समान अर्थ में ही प्रयुक्त करते हैं: कहीं वे 'शेखर' को 'क्रान्तिकारी' और कहीं 'विद्रोही'–लिखते हैं "...'शेखर:एक जीवनी' के क्रान्तिकारी नायक ने अपने जीवन में इसी नियति के सूत्र को पहचानने का प्रयत्न किया है।" और "मुझे विश्वास है 'व्रिदोही बनते नहीं उत्पन्न होते हैं।'" लेकिन वस्तुतः 'विद्रोही' और 'क्रान्तिकारी' में मौलिक अन्तर होता है: 'विद्रोह' एक 'मूलहीन' प्रवृत्ति है–एक सामान्य निषेध की प्रवृत्ति! साथ ही एक अपेक्षाकृत सीमित प्रवृत्ति! विद्रोही भाग्यवादी तथा 'नियतिवादी' होता है–इसी कारण वह 'मानवीय शक्ति' से पृथक् किसी अलौकिक और अलक्षित शक्ति में विश्वास करता है–जबकि 'क्रान्तिकारी' मानवीय शक्ति के अतिरिक्त किसी अन्य शक्ति में 'विश्वास' नहीं करता! प्रसिद्ध फ्रांसीसी विचारक तथा उपन्यासकार 'कैमू' ने अपनी विख्यात पुस्तक 'The rebel' में 'विद्रोही' (Rebel) तथा 'क्रान्तिकारी' (Revolutionary) के अन्तर पर व्यापक रूप से विचार किया है:

"Rebellion is, by nature, limited in scope. It is no more than inchorent pronouncement. Revolution on contrary, originates in the realm of ideas. Specialy, it is the injection of ideas in to historic experience while rebellion is only the movement which leads from individual experience into the realm of ideas.— Rebellion is always that of a fruitless struggle with facts, as revolution is an attempt to shape actions to ideas, to fit the world into a theoretic frame." 'विद्रोही' तथा 'क्रान्तिकारी' का यह अन्तर ध्यान में रखें तो स्पष्ट हो जाएगा कि 'शेखर' मूलतः 'विद्रोही' है 'क्रान्तिकारी' नहीं। क्योंकि प्रारम्भ से अन्त तक 'विद्रोह' का कोई 'स्वरूप' उसके सामने स्पष्ट नहीं हो पाता! 'विद्रोह' किसके प्रति, किसके लिए? इन प्रश्नों का सम्यक उत्तर 'शेखर' के पास नहीं है! वह उन तमाम वस्तुओं के प्रति 'विद्रोह' करता है जो उसके बाहर है: माता की आज्ञा के प्रति, शिक्षा के नियमों के प्रति, जीने की

सामान्य शर्तों के प्रति, समाज के सामान्य नियमों के प्रति! किन्तु उसका विद्रोह एक क्रुद्ध फुत्कार बनकर रह जाता है, जीवन के यथार्थ के प्रति एक 'निष्फल-संघर्ष'! साथ ही 'निषेध' की इस प्रक्रिया में वह बहुत दूर नहीं जाता—घूमकर फिर वहीं आ जाता है—उन्हीं नियमों, उन्हीं आदर्शों को स्वीकार करता है—उन्हीं मान्यताओं-मूल्यों का 'वरण' करता है जिनके विरुद्ध वह लड़ता है। उसका 'व्यक्तित्व' और उसके 'सिद्धान्त' ऐसे विरोधाभासों से भरे पड़े हैं। 'फाँसी' से वह 'घृणा' करता है, उसे 'यौवन के ज्वार में समुद्र शोषण' मानता है—साथ ही फाँसी की कल्पना में 'साँप की आँखों-सा अत्यन्त तुषारमय सम्मोहन' भी पाता है। लेकिन वस्तुतः उससे 'डरता' है—उसी के आतंक से उत्पन्न उसका 'vision' है। वह स्वेच्छापूर्वक 'आत्महत्या' का वरण भी करता हैः 'जीवन' में तीन बार 'मृत्यु' का साक्षात्कार वह करता है। तीनों बार एक आवेशजन्य शून्यता में! तथ्य यह है कि 'मृत्यु' के प्रति उसका दृष्टिकोण घोर रूमानी है—उसके प्रति उसमें एक मुग्ध भाव है—लेकिन वह जीवन को प्यार करता है "मरना इसलिए बुरा है कि जीवन अच्छा लगता है।" इस प्रकार जीवन के प्रति उसमें विश्वास है। केवल दूसरों का अपने प्रति 'अविश्वास' उसे 'मृत्यु' की ओर प्रेरित करता है—प्रतिक्रिया रूप में! उसका जीवन-दर्शन प्रतिक्रिया का 'दर्शन' है और जो उसके लेखक का भी जीवन-दर्शन है (भूमिका)।

व्यक्तित्व तथा 'दृष्टिकोण' के विरोधाभासों ने 'शेखर' को एक सही 'विद्रोही' अथवा एक आधुनिक 'नायक' होने से वंचित कर दिया है। वह 'घृणा' का दर्शन प्रचारित करता है—"मैं उस दिन की कल्पना करता हूँ जिस दिन हमारे देश के—हमारे संसार के—क्रान्तिकारी कहलाने वाले व्यक्तियों में ऐसी प्रखर किन्तु शीतल बौद्धिक घृणा जागेगी, और वे उससे डरेंगे नहीं, उसे अपनाएँगे, और उसकी प्रेरणा स्वीकार करके संसार पर अपनी छाप बिठा जाएँगे; युगान्तर कर जाएँगे, और फिर भी नये युगान्तकारी विद्रोह का बीज बो जाएँगे...." 'शेखर' की दुर्बलता यह नहीं है कि वह 'घृणा' का प्रचारक है बल्कि यह कि उसमें 'घृणा' करने की सामर्थ्य नहीं है। उसकी 'घृणा' 'शीतल-घृणा' नहीं है—वह 'आत्मप्रेम' का दूसरा रूप है! रोमैंटिक 'आत्मप्रेमी' अनेक प्रणय-प्रसंगों से गुजरता है; उनका दाय भी स्वीकार करता है! इसी कारण 'शेखर'—स्मृतियों के आधार पर अपने जीवन का जो विश्लेषण करता है उसमें 'प्रेम' ही प्रधान है 'घृणा' नहीं! 'मृत्यु-साक्षात्कार' के पारदर्शी क्षणों में जीवन का जो तीव्रतम प्रभाव उसे दिखाई पड़ता है—वह 'प्रेम' का है—'घृणा' का नहीं ("सबसे पहले तुम 'शशि'!") वह प्रेम ही 'सर्वोपरि' है जिसने उसे 'गढ़ा' है उसके 'व्यक्तित्व' को धार दी है! इसे वह स्वयं स्वीकार करता है। तो फिर घृणा? निश्चित रूप से यह 'घृणा' भी उनके अन्य आरोपित सिद्धान्तों की

तरह एक रूमानी-भावना है! वह मानता है कि 'घृणा' उसका दर्शन है क्योंकि वह विद्रोही है। लेकिन जिस तरह उसकी 'घृणा' आरोपित है उसी तरह उसका 'विद्रोह' भी अप्रौढ़, रोमैंटिक ज्वार के अतिरिक्त कुछ नहीं है। वस्तुतः 'शेखर' अपनी 'असामाजिक-प्रवृत्तियों' तथा 'ग्रन्थियों' का पोषण करता है—और 'घृणा' करता है उनसे जो उसके 'बाहर' हैं और जो उस पर 'आघात' करती हैं! इन सबके ऊपर वह एक मानवतावादी का लबादा भी ओढ़ लेता है। यह 'मानवतावाद' उसका सबसे बड़ा खोखलापन है जो उसकी 'घृणा' तथा 'विद्रोह' की पोल तो खोलता ही है—साथ ही जिन वृत्तियों से परिचालित यह 'घृणा' और 'विद्रोह' है उसे भी जाहिर कर देता है।

तथ्य यह है कि 'शेखर' का लेखक कुछ निष्कर्षों पर पहुँच चुका है—कुछ सिद्धान्त उसके मस्तिष्क में हैं पूर्वग्रह रूप में! अपने जीवन का 'विश्लेषण' करके उनमें से वह अनुकूल खंड-चित्रों का चयन कर लेता है और उन्हें प्रमाणित करने का प्रयास करता है! अतः 'शेखर' में 'अनुभव' और 'सिद्धान्त' समानान्तर चलते हैं—बिना एक हुए! इसमें 'शेखर' का कलात्मक संघटन समाप्त हो जाता है!...

'विरोधाभासों' तथा आरोपण की प्रवृत्ति के कारण 'शेखर' के साथ ही हिन्दी लेखन में वह 'बाह्याडम्बर' (हिपोक्रेसी) शुरू होती है जो आज के लेखन और लेखक का चरित्र-लक्षण बनी हुई है। नैतिकता और उदारतावाद का दबाव अनुभूतियों के विश्लेषण में बाधक होता है। परिणामस्वरूप वह एक 'मुद्रा' (पोज) बनकर रह जाती है! विद्रोही बनने के प्रयास में 'शेखर' मृत नैतिकता ओढ़कर 'प्रॉफेट' बन जाता है—एक केंचुल से निकल कर दूसरी केंचुल में घुस जाता है।

इस प्रकार का दिखावा और 'आडम्बर' 'शेखर' के मूल में है (उसके शिल्प और व्यक्तित्व दोनों में) यहाँ तक कि जब वह अपनी व्यक्तित्व-गुहा से बाहर आकर सामाजिक होने का प्रयास करता है तब भी आडम्बर (हिपोक्रेसी) को ही प्रश्रय देता है : 'शेखर' का उच्चवर्ग के छात्रावास का त्याग, हरिजन छात्रावास में निवास और अछूतोद्धार का प्रयास—यह शेखर के सामाजिक अंश हैं (हालाँकि 'शेखर' के सन्दर्भ में यह गाँधीवादी नैतिकता और सुधारवाद विरोधाभास ही प्रतीत होता है) लेकिन आश्चर्यजनक रूप से उसके ये कार्य सामाजिक अभिरुचि के प्रतीक नहीं हैं: सस्ती नैतिकता के चुनाव हैं, और अंह-तृप्ति के नये क्षेत्र हैं। हरिजन छात्रावास में वह इसलिए जाता है कि वहाँ उसका 'सम्मान' है—सामाजिक दृष्टि से वह सम्मानित होना चाहता है (उच्चवर्ग के छात्रावास में वह अपमानित हो चुका है)। हमेशा दूसरों की दृष्टि को आईना समझकर स्वयं को उसमें देखना उसकी विवशता है! वह चौंकाने में विश्वास करता है क्योंकि हर रोमैंटिक चौंकाने

में विश्वास करता है! वह 'व्यक्तित्व' और 'मूल्यों' का इसलिए विरोध करता है कि वह खुद एक विशिष्ट व्यक्तित्व बन सके—विरोध प्रचलन के विरुद्ध है। बाह्याडम्बर के प्रतीक रूप में वह 'फूल' लगाना प्रारम्भ करता है दूसरों के लिए। उसे पता चलता है कि लड़कियाँ उसका फूल लगााना देखती हैं—इसलिए वह फूल लगाना बन्द कर देता है कि लड़कियाँ यह भी देखें। उसकी समस्त क्रियाओं के मूल में इस प्रकार का आत्मकेन्द्रण और प्रदर्शन है! कभी-कभी स्वयं को पीड़ित करके और खतरा मोल लेकर भी वह प्रदर्शन करता है और इन सबके माध्यम से वह एक प्रकार का 'कैरेक्टर कल्ट' विकसित करता है।

अविश्वास की प्रतिक्रिया शेखर के व्यक्तित्व निर्माण का मूलाधार है! अतः स्वतः ही वह विश्वास को महत्त्व देता है—विश्वास या आस्था का ही अंग है 'रहस्य' में विश्वास और शेखर का विद्रोह एक प्रकार के रहस्य की सीमा पर जाकर समाप्त हो जाता है! वह एक साथ ही अपनी परतन्त्रता (राजनीतिक) और अपनी मानवीय परतन्त्रता दोनों के विरुद्ध विद्रोह करता है किन्तु उसका दृष्टिकोण रोमैंटिक है—इस कारण वह रहस्य की सीमा पर पहुँच कर समाप्त हो जाने को बाध्य है!

वस्तुतः 'कैद' (Prison) का दर्शन कभी स्वस्थ नहीं हो सकता! मृत्यु का आतंक 'दृष्टि' देता नहीं बल्कि दृष्टि धुँधली कर देता है। यह आकस्मिक नहीं है कि शेखर का शिल्प स्वप्न का शिल्प है। मृत्यु के आतंक में व्यक्ति केवल सपने ही देख सकता हैः शेखर के स्वप्नों में अनुभूति की तीव्रता है, लेकिन तथ्य नहीं! बन्धन में मुक्ति के स्वप्न दूषित, विध्वंसक और प्रतिशोधात्मक दर्शन को ही जन्म देते हैं!

> "In prison, dreams have no limits and reality is no curb. Intelligence in chains losses in *Lucidity* what it gains in *intensity*....He (sade) did not Create a philosophy, he prsuaed a monstrous dreame of revenge."

(A Camus: The Rebel)

वह अपने जीवन-दर्शन में जिस जीवन की कल्पना करता है वह एक असम्भव कल्पना है—असम्भव शिव की कल्पना में वह घृणा को अपना अस्त्र बनाता है लेकिन वह नियतिवादी भी है—नियतिवाद निकम्मा बनाने वाला ही नहीं निर्मम बनाने वाला भी होता है—नियतिवादी शिव तथा अशिव को मिश्रित करता है और नियतिवाद विकास-विरोधी प्रवृत्ति है शेखर नियतिवादी है इसलिए "विकास विरोधी" है।

विद्रोही 'शेखर' 'यातना' और 'आत्मपीड़न' को अपने 'जीवन-दर्शन' के लिए महत्त्वपूर्ण मानता है। क्योंकि अपने को पीड़ित करके वह समाज से प्रतिशोध लेता

है (जिसकी अन्तिम परिणति होती है 'आत्महत्या'—शेखर में इस प्रवृत्ति का भी समावेश है) क्रान्तिकारी दल का सदस्य भी वह इसीलिए होता है। इससे उसकी 'ध्वंस वृत्ति' और 'प्रतिहिंसा' को गति मिल जाती है—रोमैंटिक विद्रोही अपने असम्भव सपनों की असफलता से पीड़ित होकर उसी प्रकार के ध्वंसात्मक कार्यों की ओर प्रवृत्त होता है—यह उसकी स्वाभाविक नियति है। 'क्रान्तिकारी दल' से 'शेखर' को एक झूठी नैतिक स्वीकृति प्राप्त हो जाती है!

अतएव एक 'विद्रोही' के रूप में 'अज्ञेय' शेखर का निर्माण करने में असमर्थ रहे हैं और उसका जीवन-दर्शन (जिसे वे लेखक का भी जीवन-दर्शन मानते हैं) एक उलझा हुआ, अस्पष्ट, अप्रौढ़ और बेहद रूमानी है। एक 'जीवन-दर्शन' तथा 'दृष्टिकोण'—निर्माण की दृष्टि से 'शेखर' एक असफल तथा अपरिपक्व रचना है।

लेकिन 'अज्ञेय' ने शेखर' को जिस रूप में प्रस्तुत किया है—उसमें 'शेखर' के 'व्यक्तित्व' का निर्माण कई धरातलों पर होता हैः एक ओर उसकी 'नैतिक-दृष्टि' का विकास होता है और दूसरी ओर 'सौन्दर्य-बोध' का! इस तरह एक ओर उसके विद्रोही का विकास होता है और दूसरी ओर उसके कलाकार का। 'शेखर' की 'विद्रोह-चेतना' जितनी प्रबल है उतनी ही प्रबल उसकी 'सौन्दर्य-चेतना भीः "लखनऊ की बारादरी में 'शेखर' अकेला बैठा है। एक अत्यन्त सुन्दर घोड़ा तीव्र गति से दौड़ता हुआ उसके सामने से जाता है। उसकी गति में चेष्टा नहीं है, कहीं सजावट नहीं है, मानो कहीं भी इच्छा की प्रेरणा ही नहीं है, वह स्वतः सम्पूर्ण, सुन्दर, अच्छे संगीत की तरह ताल-विशिष्ट एक गति है। 'शेखर' एकाएक खड़ा हो जाता है। यह एक नयी बात थी उसके जीवन में और यह विद्युत की तरह उसके मन में तड़प गयी...Rhythm... लय...''और ...शायद तभी से सर्वत्र उस वस्तु को खोजने लगा।'' और युवक शेखर इस 'सौन्दर्य' की तलाश में हिमालय भ्रमण करता है। अपनी मानसिक अशान्ति के मूल में उसे कभी-कभी विद्रोह वृत्ति से अधिक सौन्दर्य की तलाश मालूम पड़ती है!!...क्या वह सचमुच सौन्दर्य की खोज थी जिसके कारण उसका जीवन इधर अशान्त हो गया था?'' सौन्दर्य की इस तलाश में वह एक दिन पार्वत प्रदेश में देखता है ''झिलमिलाती हुई झील पर धुँधले श्यामल पहाड़ और दूर पर कुहरे-सी मधुर स्निग्ध ज्योतिर्मयी हिमश्रेणी...इस विस्तीर्ण, अत्यन्त निःस्तब्ध रात में इस दृश्य को देखते हुए 'बोध' की लहरें-सी उसके शरीर में दौड़ने लगीं...उसे रोमांच हो आया...आह सौन्दर्य....।'' सौन्दर्य के इस 'साक्षात्कार' और 'बोध से 'शेखर' के कलाकार का जन्म होता है ''उसे जान पड़ा कि उसके मस्तिष्क पर कोई भारी बोझ है जिसे उतार देना आवश्यक हो गया है...।'' और वह कलाकार, लेखक बन जाता है। 'शेखर' के उत्तरार्द्ध की सम्पूर्ण

कथा—उसके कलाकार के संघर्ष की कहानी है—'कलाकार' तथा 'समाज' के बीच का 'असन्तुलन' उसकी समस्या है।

अतः मैं कहना चाहता हूँ कि 'शेखर' वस्तुतः एक 'विद्रोही' की कहानी नहीं है—वह मूलतः एक कलाकार के विकास की कहानी है—कलाकार की कहानी है (पोर्ट्रेट ऑफ दी आर्टिस्ट)। उसके 'विद्रोही' तथा क्रान्तिकारी रूप को अनावश्यक रूप से महत्त्व दिया गया है—'भूमिका'। घोषणा रूप में यह 'भ्रम' लेखक द्वारा उत्पन्न किया गया है।

'शेखर' चूँकि एक 'कलाकार' की कहानी है इसलिए वह एक प्रणय-गाथा है 'विद्रोह गाथा' तो एकदम नहीं! 'शेखर' के सबसे जीवन्त स्थल उसके प्रणय प्रसंग हैं और यह आकस्मिक नहीं है कि जिन लोगों के मध्य 'शेखर' अधिक पढ़ा और पसन्द किया जाता है वे एक प्रेम-उपन्यास के रूप में ही पढ़ते हैं। 'शेखर' के साथ हिन्दी की अधिकांश आधुनिक प्रेम-कहानियों का इतिहास जुड़ा हुआ हैः प्रेम के प्रति एक निश्चित तथा 'प्लेटोनिक' दृष्टिकोण, प्रणयानुभूतियों के अनुरूप उतनी ही कोमल तथा स्पन्दनशील भाषा! तात्पर्य यह कि प्रेम की एक नयी संवेदना की शुरुआत ही 'शेखर' से होती है! अपने 'रोमैंटिक व्यक्तित्व' के अनुरूप ही 'रोमैंटिक प्रेम' का अत्यन्त उत्कृष्ट रूप 'शेखर' में दिखाई पड़ता है। 'शेखर' जब अपने 'जीवन' को vision के क्षणों में नये सिरे से देखना शुरू करता है तो सबसे पहले 'शशि' आती है ('शेखर' की शुरुआत शशि से होती है और उसका अन्त भी 'शशि' से होता है) फिर क्रमशः 'शेखर' के विकास के साथ-साथ अनेक लड़कियाँ उसके जीवन में आती रहती हैं! उसकी प्रत्येक अनुभूति के 'सन्दर्भ' में कोई न कोई लड़की अवश्य रहती है। उसके 'प्लेटोनिक' प्रेम का आरम्भ उसकी बहन 'सरस्वती' से होता है—पहली बार 'सौन्दर्य' और स्नेह का बोध उसे अपनी बहन से ही होता है बहन को गाते सुनते-सुनते एकाएक कोई अज्ञात भाव बालक के मन में जागता है...एक अत्यन्त कोमल स्पर्श से बहन के कपोल को छूकर बालक कहता है "कितनी अच्छी लगती हो तुम।" क्रमशः यह 'बोध' विकसित होता जाता है। और 'सौन्दर्य' तथा 'प्रेम' शेखर की 'तलाश' बन जाता है! बीमार शान्ति की पारदर्शी नीली नसों को चूमने से लेकर शारदा के सान्निध्य तक—सबमें वह उसे ढूँढ़ता है! उसके किशोर-प्रेम की चरम अभिव्यक्ति 'शारदा' के प्रेम में होती है—कैशोर्य प्रेम की अतृप्ति आग और आवेश की भीषण अनुभूति! पहली बार 'नारी-तन' के स्पर्श की अबूझ अनुभूति 'शेखर' को होती हैः "शारदा का शरीर तनता क्यों है, काँपता क्यों है? एक दुर्दम्य प्रेरणा से शेखर झुकता है। अपनी ठोड़ी शारदा के सिर पर टेक देता है। उसके सूखे केशों को सूँघता है। फिर अपनी नाक

उन केशों में दबा देता है और दो, तीन, चार, पाँच बहुत लम्बी-लम्बी साँसें खींचता है...वह नये मधुमास में नीम के बौर-सा सौरभ...बहुत मीठी, पुरानी शराब के फेन-सा वह शेखर के नथुनों में प्रविष्ट होकर उसके मस्तिष्क में छा जाता है... ।'' प्रेमानुभूति का ऐसा निविड़ और प्रगाढ़ चित्रण 'अज्ञेय' पूर्व के कथा-साहित्य में बहुत कम या नहीं मिलेगा! 'शेखर' के पूर्वार्ध का अन्त भी 'शारदा' से ही होता है—उसके साथ ही 'शेखर' के प्रेम-विकास के एक स्तर का!—वह शारदा-शेखर के अन्तिम मिलन, उसकी असफलता और निराशा के साथ 'शेखर' के किशोर-प्रेम का भी अन्त होता है—अतृप्ति आकांक्षा और उलझाव के चरम बिन्दु पर पहुँचकर! (अपने किशोर-प्रेम की अस्पष्टता तथा तीव्रता को स्वयं शेखर इन पंक्तियों में व्यक्त करता है: "A lad there is, and I am that poor groom: that's fallen in love and knows not with whom.")

और जब 'शेखर' अपने 'व्यतीत' को दुबारा जी रहा है तो उसकी सबसे बड़ी 'कचोट' 'असफल' प्रेमों की अनुभूति ही है: "Alas for all the loves that youth lets fall, like the Beads of a told rosary!" 'और'...''मुझमें उठता है एक क्रुद्ध विद्रोह, इसलिए नहीं कि मैंने क्या कुछ खोया है या कितना कष्ट उठाया है बल्कि इसलिए कि मैंने कितना दुःख दिया है; किन-किन भोले हृदयों को कैसी कठोर चोटें पहुँचाई हैं''...'शेखर' जिस प्रकार दूसरों (समान) से बदला लेने के लिए स्वयं को पीड़ित करता है उसी प्रकार अपने को तीव्रतम रूप में कष्ट देने के लिए वह अपने प्रियजनों को पीड़ित करता है! प्रेम में एक 'सुदूरपन' को इसलिए प्यार करता है कि उससे उसे 'आत्म-पीड़ा' का सुख मिलता है! यह प्रेम के प्रति विशुद्ध रोमैंटिक दृष्टिकोण है! प्रेम के सम्बन्ध में उसका 'सौन्दर्यबोध' भी इसी प्रकार रोमैंटिक है—एक 'बीमार सौन्दर्य बोध'! शान्ति की बीमार, पीली देह की नीली पारदर्शी नसों को वह प्यार करता है और उसी प्रकार 'वयः सन्धि का ज्वार उतरने' के बाद भी वह शशि की बीमार, मरणोन्मुख आकृति में ही सौन्दर्य पाता है: ''शशि की पलकें पारदर्शी-सी जान पड़ती हैं, यह उसने पहले भी लक्ष्य किया था; पर अब उसे लगा मानो समूचा चेहरा पारदर्शी हो गया है—मानो इतने दिनों चुपचाप सही हुई यातना ने उस स्वच्छ त्वचा को और भी शोधकर आन्तरिक कान्ति दे दी है...उसे देखकर सहसा किसी व्यापक शुभ्र वेदना का बोध हो आना अनिवार्य था—ऐसी वेदना, जो चाँदनी की तरह नहला और कँपा जाए।'' सौन्दर्य का यह अत्यन्त मोहक चित्र है लेकिन उसमें 'साँप की आँखों-सा—तुषारमय सम्मोहन' है—मोहक किन्तु विषाक्त! इस प्रकार का सौन्दर्य बोध एक बीमार संवेदना को जन्म देता है। हिन्दी की आधुनिक कहानियों में बहुत दूर तक इस

'बोध' को विकसित करने के उत्तरदायी 'अज्ञेय' हैं!

तात्पर्य यह कि शैशव और किशोर काल से लेकर युवावस्था तक (शेखर के अन्त तक) 'शेखर' का सौन्दर्य बोध तथा प्रेम सम्बन्धी दृष्टिकोण एक रहता है—वह विकसित नहीं होता। उतना ही किशोर और अपरिपक्व तथा रोमानी रहता है। 'शेखर' प्रारम्भ से अन्त तक एक प्रेम उपन्यास ही रहता है। वह मूलतः 'प्रेम उपन्यास है' भी—'अज्ञेय' की शैली और शिल्प को सर्वाधिक सफलता प्रणय-चित्रों में ही मिली है—क्योंकि वही उसका प्रकृत क्षेत्र है भी! एक रोमैंटिक प्रेम-उपन्यास के रूप में शेखर अत्यन्त सफल रचना है—उनके आगामी उपन्यास 'नदी के द्वीप' में भी उसी का विकास हुआ है—उनके 'विद्रोही' का नहीं! 'शेखर' के उत्तरार्ध की कहानी केन्द्रित होकर प्रणय-बिन्दु पर ही स्थिर हो गयी है।

× × ×

'शेखर' के व्यक्तित्व-विश्लेषण के लिए लेखक ने जिस 'मिश्रित-शिल्प' का आश्रय ग्रहण किया है, वह 'शेखर' को अनेक दृष्टियों से देखने का अवसर देता है लेकिन 'चरित्र-चित्रण' में यह पद्धति असफल होती है—इससे 'चरित्र-चित्रण' में आवश्यक संगठन का अभाव उत्पन्न हो जाता है: कभी शेखर अपना विश्लेषण करता है और जितनी दूर वह इस प्रक्रिया में पाठक को ले जाता है उसे बीच में ही छोड़कर लेखक अचानक हस्तक्षेप करता है और या तो 'शेखर' की सफाई देना शुरू करता है या उसकी बातों, अनुभूतियों और समस्याओं को बाहर से स्पष्ट करने का प्रयास करता है! यदि 'अज्ञेय' ने आधुनिक उपन्यासों और खास तौर पर हेमिंग्वे के उपन्यासों से बिल्कुल उल्टी पद्धति अपनाई होती (हेमिंग्वे के उपन्यासों में पात्रों के सम्बन्ध में उनकी बातों और व्यवहारों के अतिरिक्त—उन्हें जानने का कोई दूसरा साधन नहीं होता)—जैसा कि अनेक विदेशी उपन्यासकारों ने किया था—तब भी वह एक पद्धति का, मनोविश्लेषणात्मक पद्धति का निर्वाह होता! सार्त्र ने मॉरयॉक (Mauriac) पर लिखते हुए 'चरित्र-चित्रण' के ऐसे ही दोष की ओर संकेत किया है जो लेखक के चरित्रों और उसकी पद्धति—दोनों को दूषित कर देता है:

"Fictional beings have their own laws, the most rigorous of which is the following: The Novelist may be either their witness or their accomplice, but never both at the same time. The novelist must be either inside or out."

(Literary and philosophic essays: F. Mauriac and Freedom)

'अज्ञेय' एक साथ ही 'शेखर' के 'सहयोगी' और 'साक्षी' दोनों बनने की कोशिश करते हैं!

सफल 'शिल्प' के बावजूद 'शेखर' की कलात्मक असफलता के और भी कई कारण हैं: वह 'शिल्प' की सम्पन्नता तथा नवीनता के रूप में जो कुछ प्राप्त करता है उसे अपने 'दृष्टिकोण' की पुरातन तथा 'अस्पष्टता' के रूप में खो देता है! गाँधीवादी अथवा सुधारवादी नैतिकता की भी 'शेखर' में कमी नहीं है! मनोविश्लेषणात्मक पद्धति, प्रतीकवादी काव्यात्मक भाषा-सम्पदा—यह सब 'शेखर' में सतह के कुछ स्तरों तक ही सीमित है: रोमैंटिक जब प्रौढ़ विचारक होने का प्रयास करता है तो एक 'रूढ़ नैतिकता' अपने ऊपर ओढ़ लेता है! अतः मूल में 'शेखर' एक 'मारलिस्ट' ही है जो सामाजिक समस्याओं को गाँधीवादी नैतिक स्तर से ऊपर नहीं उठा पाता! मसलन वर्ण-भेद और अछूतोद्धार आदि जैसी समस्याओं को जैनेन्द्र उस स्तर से नहीं उठा सकते थे—जितने सतही स्तर से शेखर उठाता है। शेखर में जिस सूक्ष्म कलात्मक संगठन की कोशिश है—ये समस्याएँ उसका अंग नहीं बन पाई हैं! दरअसल 'शेखर' प्रत्येक 'स्तर' पर महत्त्वपूर्ण प्रयास है—लेकिन ज्यादा सफल प्रयास नहीं: वह कई तरह की 'कोशिशों' के बीच 'नुच' गया है। वैसे ये असफल कोशिशें ही अपनी नवीनता, विविधता और विस्तार के कारण 'शेखर' को महत्वपूर्ण बनाती हैं—हिन्दी उपन्यास के विकास में!

विचार-सूत्रों को बाहुल्य और क्रिया-व्यापार (Action) की अपेक्षा चिंतन पर अधिक बल देना—यह 'शेखर' की कलात्मक असफलता का दूसरा पक्ष है। एक खास अवस्था के—लोगों के लिए या एक खास स्तर के लिए ये विचारसूत्र ही उसकी उपलब्धियाँ हैं। किन्तु यह भयंकर कलात्मक असफलता है! सूत्र तथा निष्कर्षों का बाहुल्य, दृष्टि की रूढ़ नैतिकता तथा संकेतों की सूक्ष्मता का अभाव—यह 'अज्ञेय' की सबसे बड़ी सीमा है। निश्चित रूप से इसका उत्तरदायी हिन्दी-पाठक वर्ग भी रहा है: अज्ञेय जब अपेक्षाकृत सूक्ष्म चित्र, अस्पष्ट किन्तु कलात्मक संकेत देते हैं तो तत्काल रुककर उसका विश्लेषण करते हुए निष्कर्ष निकाल लेते हैं! जैसे अचानक ही लेखक के मन में यह भाव प्रबल हो जाता हो कि उसके सम्मुख एक ऐसा पाठक वर्ग है—जिसकी रुचि, संवेदना और ग्रहण शक्ति पर उन्हें विश्वास नहीं है। फिर क्रमशः यह 'चेतना' उनके व्यक्तित्व का अंग बन गयी है और वे उससे मुक्त नहीं हो पाते!

'दुःख सबको माँजता है'

(नदी के द्वीप)

'नदी के द्वीप' 'शेखर' से इसलिए अधिक महत्त्वपूर्ण उपन्यास है कि वह 'शेखर' का विकास है और उसमें 'शेखर' की 'सम्भावनाएँ' स्पष्ट हो गयी हैं! इस दृष्टि से वह 'शेखर'-तीसरे भाग की कथा है। बाह्य रूप से 'नदी के द्वीप' 'शेखर' से सर्वथा भिन्न उपन्यास दीख सकता है—गठन-शिल्प तथा कथा की दृष्टि से!—उसका 'मूल स्वर' भी 'अज्ञेय' को 'शेखर' से अलग दूसरी दिशा में ले जानेवाला लग सकता है। लेकिन अधिक गौर से देखने पर पता चल जाता है कि वह मूलतः 'शेखर' का विकास हैः कथा और चरित्र दोनों स्तरों पर! वह 'शेखर' का विकास है, लेकिन अज्ञेय की 'संवेदना' का नहीं—केवल उसकी दिशा अधिक स्पष्ट हो गयी है।

'नदी के द्वीप' में 'अज्ञेय' ने अपनी सीमा और प्रवृत्ति, दोनों को समझ लिया है—उनकी दृष्टि 'रूढ़' किन्तु अधिक केन्द्रित हो गयी हैः 'शेखर' के उत्तरार्ध में 'शशि-शेखर' प्रसंग में जो स्वर प्रमुख हो गया था—उसी के विकास पर अज्ञेय ने अपने को केन्द्रित कर लिया है। व्यक्ति और समाज के संघर्ष, 'सामाजिक चेतना' आदि के प्रदर्शन का मोह छोड़कर उन्होंने स्वयं को नैतिक समस्याओं और प्रेम-कथा तक सीमित कर लिया है—'शेखर' के उत्तरार्ध का विकास इसी रूप में हो ही सकता था!

अतः 'शेखर' का 'बिखराव' और उसकी अस्पष्टता 'नदी के द्वीप' में समाप्त हो गयी है। 'शेखर' की अपेक्षा 'नदी के द्वीप' में 'अज्ञेय' के दृष्टिकोण को समझने में अधिक सफलता मिलती है—इसलिए इस दृष्टिकोण की सीमाएँ भी अधिक स्पष्ट हो गयी हैं! 'शेखर' के 'विद्रोह' की 'सम्भावनाएँ' 'नदी के द्वीप' में सिद्ध हो गयी हैं। मैंने 'शेखर' को 'मूलतः' एक 'प्रेम उपन्यास' कहा गया है; 'नदी के द्वीप' स्पष्टतः एक 'प्रेम-उपन्यास' है—बिना किसी छद्म-आवरण' के ! एक रोमैंटिक

विद्रोही का विकास या अन्त उसी रूप में हो ही सकता है:[1] वह अपने 'आन्तरिक संगठन' को 'कलात्मक साधनों' से पुनःप्राप्त करने की चेष्टा करता है (जो 'समाज' से 'संघर्ष' में समाप्त हो गयी है और वह मूल्य तथा आस्थाहीन होकर एक 'निहलिस्ट' के रूप में उन्हें पुनः प्राप्त करना चाहता है)। 'नदी के द्वीप' 'आन्तरिक-संगठन' की इस पुनःप्राप्ति का ही प्रयास है—कलात्मक साधनों के द्वारा (Aesthetic Means) !— किन्तु यह 'कला' भी उतनी ही रोमैंटिक है जितना रोमैंटिक उसका विद्रोह है।

इस 'कलात्मक-साधन' के द्वारा 'नदी के द्वीप' में विशेष 'जीवन-दर्शन' का निर्माण किया गया है ('आन्तरिक संगठन' के लिए)—'शेखर' की 'तलाश' 'नदी के द्वीप' में नहीं है और उसी के साथ ही—प्रश्नों की भाषा भी, भाषा और भावना का उत्ताप भी! 'शेखर' में जीवन के रेशों से लिपटा हुआ जो आवश्यक लेकिन आंशिक खुरदरापन (Roughness) है वह 'नदी के द्वीप' में नहीं मिलता! अपेक्षाकृत वह अधिक मंथर, स्थिर तथा आभिजात्य गौरव से युक्त है।

"वेदना में एक शक्ति है जो दृष्टि देती है। जो 'यातना' में है, वह द्रष्टा हो सकता है।" 'शेखर' इस 'यातना' के आलोक में अपने 'दृष्टिकोण' का निर्माण करता है! 'नदी के द्वीप' में 'भुवन', 'पीड़ा' और 'दुःख' के द्वारा 'मुक्ति' प्राप्त करने का प्रयास करता है। 'बन्दी' की 'मुक्ति' दूसरों से प्राप्त 'यातना' के द्वारा अकस्मात् 'द्रष्टा' हो जाने में है! लेकिन जब वह 'बन्दी' नहीं रहता है तो 'आत्मपीड़न' के द्वारा—स्वयं को 'पीड़ित' करके 'द्रष्टा' बनने का प्रयास करता है ('आत्मपीड़न' की यह प्रक्रिया 'शेखर' से ही प्रारम्भ हो जाती है) 'यातना' के लिए 'यंत्रणा' देने वाले की उपस्थिति अनिवार्य है किन्तु 'आत्मपीड़क' 'दुःख' या देने वाली परिस्थितियों का निर्माण कर लेता है या उनकी कल्पना करता है। 'नदी के द्वीप' 'दुःख' या 'पीड़ा' के स्वतः वरण का 'दर्शन' है। पीड़ा का यह 'वरण' भुवन और 'रेखा' दोनों के द्वारा होता है जिसमें 'परोक्ष' रूप से गौरा भी भाग लेती है! केवल 'चन्द्रमाधव' ही उससे पृथक् रहता है, क्योंकि वह एक प्रकार के 'भोगवाद' (Pleasure Principle) का प्रतीक बनाया गया है—इस 'पीड़ावाद' के महत्त्व को बढ़ाने के लिए! 'दुःख' सबको माँजता है; इस सूत्र की पुष्टि उपन्यास का उद्देश्य है। 'नदी के द्वीप'—यह एक प्रतीकात्मक शीर्षक है: प्रत्येक व्यक्ति अपने-आप में एक 'द्वीप' है—'प्रवाह' में स्थित किन्तु उससे पृथक् अस्तित्व रखता हुआ! 'प्रवाह'

---

[1] "When the 'dandies' fail to commit suiside or do not go mad, they make a career and pursue prosperity."
—The Rebel : A. Camus

और उसके बीच 'प्रेषणीयता' का कोई आधार नहीं होता—प्रवाह उसे केवल काटता भर है। और अन्त में यह 'प्रवाह' उसे 'डीप सी ऑफ मिजरी' में विलीन कर देता है।

इस प्रकार 'नदी के द्वीप' का 'गठन' एक दार्शनिक-प्रेम उपन्यास का गठन है—यहाँ भी 'शेखर' की तरह सूत्र हैं और जीवन के 'अनुभव' तथा अनुभूतियाँ क्रमशः उन्हें आकार देती हैं! 'सूत्र' को आकार देने का यह प्रयास दूसरी जो अनेक दुर्बलताएँ उत्पन्न करता है—उनके अतिरिक्त सबसे पहले पात्रों के 'वैविध्य' का अपहरण कर लेता है! चन्द्रमाधव के अतिरिक्त 'नदी के द्वीप' में केवल एक पात्र है—वह इस सूत्र का 'आकार' है—भुवन, रेखा और गौरा के रूप में! जैनेन्द्र आसानी से सीमित पात्रों के द्वारा ही उन्हें परस्पर विरोधी भावनाओं का प्रतिबिम्ब बना लेते थे! उसमें 'एकरसता' आ सकती थी—लेकिन वैविध्य था! 'अज्ञेय' ऐसा नहीं कर पाते। वे अपनी एक विशेष संस्कार-युक्त संवेदना का आरोप प्रत्येक पात्र पर करते हैं—अतः 'शेखर' की ही तरह केवल एक पात्र प्रारम्भ से अन्त तक अनेक आईनों में चलता है। यह अज्ञेय के उपन्यास-लेखन की महत्त्वपूर्ण दुर्बलता है।

'नदी के द्वीप' के 'पीड़ावाद' पर 'छायावादी दुःखवाद' का तो प्रभाव है ही, साथ ही मुख्य रूप से वह 'क्रिश्चियन' 'सफरिंग' से प्रभावित हैः 'पीड़ा' और मुख्य रूप से 'आत्मपीड़न' के द्वारा 'मुक्ति' (Salvation) यह स्पष्टतः क्रिश्चियन-धारणा है। 'शेखर' का प्रधान लक्ष्य 'स्वतन्त्रता' (Freedom) था किन्तु 'नदी के द्वीप' का लक्ष्य 'मुक्ति' (Salvation) है। एक सामाजिक समस्या क्रमशः 'मेटाफिजिकल' होती गयी है। 'अमूर्तता' की ओर विकास का यह क्रम स्पष्ट लक्षित किया जा सकता है।

'नदी के द्वीप' के 'दृष्टिकोण' की तरह ही उसकी कथा पर भी आन्द्रेजीद के 'स्ट्रेट इज द गेट' और टैगोर के 'शेषेर-कविता'—का प्रभाव है। 'रेखा' पर 'स्ट्रेट इज द गेट' की नायिका 'अलीसा' का अस्पष्ट प्रभाव है। उसकी 'सफरिंग' और 'धर्मिक रुझान' को 'अज्ञेय' ने 'रेखा' के व्यक्तित्व में उतारने का प्रयास किया है—और हिन्दी उपन्यास की पहली 'धार्मिक नायिका' का निर्माण किया है। केवल जैनेन्द्र के संयोग से उन्होंने उसे 'शारीरिकता' के स्तर तक उठा दिया है। 'अज्ञेय' केवल 'मिश्रित-शिल्प' का ही नहीं 'मिश्रित प्रभावों' का भी सफलतापूर्वक उपयोग करते हैं।

लेकिन 'नदी के द्वीप' की कथावस्तु जैनेन्द्र की केवल एक कहानी 'एक रात' का विस्तार है—कहानी के अन्तिम अंश का उद्धरण स्पष्ट कर देगा कि 'नदी के द्वीप' उस कहानी से कितनी दूर तक प्रभावित है।

अतः हमेशा की तरह 'नदी के द्वीप' की सफलता और उसका 'सौन्दर्य' अज्ञेय के 'प्रस्तुतीकरण' और उनकी 'भाषा' में है। 'अज्ञेय' 'नदी के द्वीप' में 'शेखर' की भाषा को बहुत पीछे छोड़ आये हैंः छायावादी गद्य का अलंकरण और बोझिल कलात्मकता 'नदी के द्वीप' में समाप्त हो गयी है– अनुभूतियों तथा स्थितियों को उनकी स्वाभाविक गतिमयता में ही पकड़ने का प्रयास और उनके अनुरूप ठीक विशेषण देने की सामर्थ्य का अज्ञेय ने अद्भुत विकास किया है। 'शब्दों' की अनावश्यक काव्य-तरलता झर गयी है और एक ठीक वैज्ञानिक 'माईक्रोसकोपिक' गद्य का स्वरूप झलकने लगा है। कविता और विज्ञान का सन्तुलन इस भाषा में अधिक दिखाई पड़ता है! यद्यपि अपने कुछ पूर्वग्रहों तथा संस्कारों के कारण 'अज्ञेय' 'नदी के द्वीप' में भी आधुनिक भाषा का निर्माण नहीं कर सके हैं–लेकिन हिन्दी की आधुनिक भाषा के प्रायः सभी छोर 'नदी के द्वीप' में मिल जाएँगेः

"रेखा कमरे की एक ओर शून्य से एक छोटे से वृत्त के बीचोबीच कुरसी पर बैठी थी। उसका सिर कुरसी की पीठ पर टिका था, पलकें बन्द थीं। वह बिजली के प्रकाश से कुछ बचकर बैठी थी, अतः उसका माथा और आँखें अँधेरे में थीं, बाकी चेहरे पर आड़ा प्रकाश पड़ रहा था जिससे नाक, ओंठ और ठोड़ी की आकार-रेखा सुनहरी होकर उभर आयी थी। और इसी स्वर्णाभ निश्चलता पर भुवन का कौतूहल आकर टिक गया था....वह कुछ क्षणों की तन्द्रा मानो रेखा को उस कमरे से दूर कहीं ले गयी थी, वहाँ ओंठों की कोरों का कसाव, बिना तनिक-सा काँपे भी, जैसे अनजाने कुछ नरम पड़ गया था, मुँह के आस-पास की असंख्य शिराओं का अदृश्य तनाव कुछ ढीला हो गया था। और जीवन का अदम्य लचकीलापन जैसे फिर उभरकर एक स्निग्ध लहर बन गया था।"

"....भुवन का स्वर पहले असम था, धीरे-धीरे सम सधा हुआ होने लगा और उसी अनुपात में दूर, निर्वैयक्तिक, रागयुक्त, असम्पृक्त, मानो गौरा के आगे एक सजीव व्यक्ति नहीं, शब्द का एक झरना हो जो अजस्र भाव से बहता जा रहा हो; कौन पास है, कौन उसके झर-झर बहते हुए अभिप्रायों को सुनता है या नहीं सुनता, उसकी संवेदना की झिल-मिल छापित-द्योतित पनचादर को देखता है या नहीं देखता, इससे सर्वथा असंलग्न....और कमरे में चीड़ की आग के आलोक की शिखाएँ नाचती रहीं,... आग लपकती और गिरती; कभी एक अधजली लकड़ी बीच में से टूट जाती और आग का एक भाग दबकर अँधेरा या नीलाभ हो जाता और फिर फुरफुराकर एक छोटी-सी शिखा उसमें से उमग आती और बढ़ जाती! उसी प्रकार भुवन का स्वर कभी मद्धिम पड़ जाता, कभी धीरे-धीरे ऊँचा उठ जाता, कभी

उसकी वाणी क्षणभर अटककर फिर कई एक द्रुत चिनगारियाँ फेंक देती... यद्यपि साधारण रूप में उसकी बात फुलझड़ी-सी नहीं थी...वह थी महताबी की तरह जिसके भीतर से अंगारे बूँद-बूँद टपकते हैं, पिघली हुई आग के आँसुओं की तरह तो हवा में भी झरते हैं, पानी के नीचे भी झरते हैं, चुप-चाप बेरोक झरते जाते हैं....भुवन का स्वर धीरे-धीरे बदलने लगा। गला भर्रा आया; क्रमशः वाक्तन्त्रों की झंकृति कम और वायु का स्वर बढ़ता चला यहाँ तक कि बात केवल एक तीखी फुसफुसाहट हो गयी जो कभी-कभी टूटकर स्वनित हो जाती थी, बस।''

'नदी के द्वीप' के सबसे कृत्रिम अंश उसके 'संवाद' हैं। यह अजीब लगता है कि 'अज्ञेय' को एक ओर सीधे (Direct) तथा सपाट वर्णन में सफलता नहीं मिलती (वे उससे बचते हैं) और दूसरी ओर उनके 'संवाद' कृत्रिम हो जाते हैं! इसका उत्तर 'अज्ञेय' की मूल संवेदना में ही मिलेगा! यह 'कृत्रिमता' उन 'आभिजात्य-संस्कारों' की है जिनका प्रतिनिधि 'नदी के द्वीप' हैः 'आभिजात्य-संस्कार' औपचारिक अभिव्यक्तियों तथा व्यवहारों पर आधारित होते हैं। जिस तरह उनके कपड़ों की 'क्रीज' कभी खराब नहीं होती उसी प्रकार उनकी अभिव्यक्तियों पर भी 'क्रीज' हमेशा बनी रहती है। यह 'क्रीज' भाषा और संवादों में 'तनाव' तथा कृत्रिमता उत्पन्न करती है; 'तनाव का यह सौन्दर्य' 'गति' (Action) का तो बाधक तत्त्व है ही—पाठक में भी 'तृप्ति' के बजाय तनाव ही उत्पन्न करता है।

आधुनिक विदेशी उपन्यासों के संवाद (खास तौर पर हेमिंग्वे के) भी 'क्रिया' या 'होने' के अंग होते हैं। उनके पात्र बातें करते समय भी जैसे केवल बातें नहीं, बल्कि कुछ 'करते' रहते हैं। लेकिन 'नदी के द्वीप' के संवादों में 'कृत्रिमता' के अतिरिक्त एक ऐसी स्थिरता और निश्चितता मिलती है—जो 'कथा' के 'क्रिया-व्यापार' से उन्हें अलग कर देती है। पात्र जैसे अपने अनुभवों से भी अधिक, कथा की 'गति' से भी अधिक, केवल अपनी बातों और 'सूत्रों' से 'पाने' का प्रयास करते हैं। 'संवादों' की मितव्ययिता भी 'नदी के द्वीप' में एक सीमा तक पहुँच गयी हैः 'संवाद' यदि दो व्यक्तियों के मध्य परस्पर हों तो 'प्रेषणीयता' तथा 'आदान-प्रदान' का आधार बना रहता है—'संवाद' 'गति' (Action) के अंग भी बनते हैं। लेकिन 'नदी के द्वीप' के 'संवाद' अधिकतर आन्तरिक वार्ता के 'मोनोलॉग' के रूप में हैं—यह आकस्मिक नहीं है कि 'नदी के द्वीप' के अधिकांश विचार पत्रों के माध्यम से 'व्यक्त' किये गये हैं— यहाँ तक कि पात्र जब आमने-सामने रहते हैं तब भी उनकी बातें अकसर पत्रों, चिट्ठियों, डायरी और उद्धरणों के माध्यम से होती हैं। 'नदी के द्वीप' की यह प्रवृत्ति (जो एक सीमा तक पहुँच गयी है) उपन्यास में

'मूक-पात्रों' का निर्माण करती है। उसका स्रोत भी वही आभिजात्य-संस्कार हैं जहाँ 'बोलना' भी—अपने को वाणी के माध्यम से व्यक्त करना भी सस्तेपन और ओछी मनोवृत्ति का परिचायक समझा जाता है। 'मूक-चरित्रों' से निर्मित उपन्यास का परिवेश और उसकी 'गति' धीमी हो जाती है। परिवेश की यह स्थिरता ही अज्ञेय को 'स्पॉट' चुनने के लिए बाध्य करती है।

अज्ञेय की भाषा और उनकी संवेदना परस्पर सम्बद्ध है। यह उनकी उपलब्धि है और उनके साहित्य के व्यक्तित्व का निर्माण करती है। लेकिन इसी कारण इस भाषा का अनुसरण करने वाले अनजाने ही वह संवेदना विकसित करने को बाध्य होते हैं। जो कलावादिता और विशुद्धतावाद को जन्म देती है। परवर्ती कथा साहित्य पर 'अज्ञेय' के प्रभाव का यह दुष्परिणाम था।

यह कलावादी दृष्टिकोण जिस विशुद्धतावाद को जन्म देता है वही 'नदी के द्वीप' की 'सतर्क' योजना का भी आधार है। पात्रों की बात-चीत, उनके शब्द-व्यवहार, वस्त्र तथा भंगिमाओं से लेकर स्थितियों, दृश्यों और परिवेश तक के चयन में अत्यन्त सतर्क योजना का सहारा लिया गया है और उपन्यास के प्रत्येक बिन्दु को एक विशेष कोण पर स्थित किया गया है एक विशेष फोकस के केन्द्र में! इससे उपन्यास का परिवेश एक कुशल तथा अत्यन्त रुचिसम्पन्न व्यक्ति के द्वारा सजाये हुए ड्राइंग रूम जैसा हो गया है जो पुनः कृत्रिमता तथा तनाव उत्पन्न करता है। इसके अतिरिक्त इस सतर्क योजना के दो प्रमुख दुष्परिणाम होते हैंः पहला, लेखक उपन्यास के आन्तरिक विकास से ध्यान हटाकर स्पॉट (जिसकी ओर पहले अध्याय में संकेत किया गया है) चुनने लगता है। 'नदी के द्वीप' की योजना अनेक तथाकथित आधुनिक हिन्दी फिल्मों की याद दिलाती है जिसमें टेकनिक की भव्यता के साथ उन्हें बॉक्स ऑफिस हिट बनाने के लिए रंगीन पहाड़ी दृश्यों की भरमार रहती है। 'नदी के द्वीप' का कोई दृश्य इससे अछूता नहीं हैः कश्मीर के विभिन्न स्थलों से लेकर नैनीताल, भीमताल, मसूरी आदि तमाम भारतीय पार्वती-स्थल उसमें अनायास ही एकत्रित हो गये हैं! इसके अतिरिक्त सामान्य दृश्यों में भी लाउंज, पार्क, कॉफी-हाउसों तथा यमुना के कछार का विशेष ध्यान रखा गया है। उपन्यास की कविता और भावुकता के मन्त्र जाल से मुक्त होते ही (और निश्चित रूप से लेखक उनमें पर्याप्त आकर्षण उत्पन्न कर सका है और उन्हीं के कारण 'नदी के द्वीप' अनेक भावुक पाठक-पाठिकाओं के शयन-कक्ष की शोभा बढ़ाता है) यह पूरी योजना अत्यन्त कृत्रिम और यहाँ तक कि हास्यास्पद प्रतीत होने लगती है। (हिन्दी की तथाकथित आधुनिक कहानी के विकास में उस मन्त्रजाल की

भावुकता का बहुत दूर तक साथ रहा है। उसे जिस भावुकता और प्रेम-धारणा से बहुत पहले मुक्त हो जाना चाहिए था उसकी गति को इस मन्त्रजाल ने विलम्बित करने में योग दिया!)

इस सतर्क-योजना का दूसरा दुष्परिणाम 'नदी के द्वीप' के 'पात्रों' के गठन पर पड़ा है: वे हमेशा लेखक की कलम के नीचे तने रहते हैं। उसकी दृष्टि उन्हें एक क्षण के लिए भी अपनी पूर्णनिर्धारित योजना से पृथक् खिसकने नहीं देती। चरित्र-चित्रण सम्बन्धी यह दुर्बलता यांत्रिक पात्रों की सृष्टि करती है। उनकी यांत्रिकता अक्सर इसलिए लक्षित नहीं होती कि वे काव्यात्मक परिवेश से घिरे और भावुक तरल उच्छ्वासों में डूबे रहते हैं। पाठक इस तरल कुहरिल परिवेश में उनकी यांत्रिकता नहीं लक्षित करता!

'भावुकता' और उच्छ्वास सहज होते हैं कम से कम यह उनकी सफलता होती है। किन्तु यह 'नदी के द्वीप' की विडम्बना ही है कि उसकी भावुकता भी सहज नहीं है (शेखर-जैसी भी नहीं)। वह भी लेखक की योजना का अंग है। अतः उस भावुकता के वाहक पात्र लेखक की योजना के नीचे बिखर जाते हैं। 'नदी के द्वीप' इसीलिए अपनी शिल्प-सम्पन्नता तथा भव्यता के बावजूद उत्कृष्ट उपन्यास नहीं बन सका है। एक ओर वह अप्रौढ़ है दूसरी ओर उसकी यांत्रिक असफलता इन छोरों को स्पर्श करती है।

प्रारम्भ में ही कहा जा चुका है कि योजना की यह पद्धति कथा की क्षमताओं को नष्ट कर देती है। 'नदी के द्वीप' में इसी कारण 'अन्तराल' हैं और वह अलग-अलग अनेक कहानियों का संग्रह बन गया है। आसानी से उसके सुन्दर मार्मिक तथा प्रभावशाली स्थल चुने जा सकते हैं। मैं समझता हूँ यह उपन्यास-लेखक की दुर्बलता ही है कि उसका 'सारतत्त्व' मक्खन की तरह छानकर निकाला जा सके और बाकी व्यर्थ अथवा निष्प्राण समझकर छोड़ा जा सके! शरत्चन्द्र अथवा प्रेमचन्द या शायद जैनेन्द्र से भी इस तरह के स्थल अलग से चुनकर निकाले नहीं जा सकते—वे कथा में घुलकर उसमें अविभाज्य रूप में प्रारम्भ से अन्त तक विद्यमान रहते हैं। लेकिन 'नदी के द्वीप' का स्मरण करते ही मर्मस्पर्शी दृश्य एक कहानी अथवा कविता के बिम्ब की भाँति अलग निकल आते हैं हम उसमें जो नहीं भूलते या जिस कारण उसे पसन्द करते हैं वह वे दृश्य ही हैं: नौकुछिया का दृश्य, चाँदनी में रेखा का जम जाना, उसके गर्भपात का हिला देनेवाला वर्णन, चीड़ की चिटकती आग और कौंधती लपटों के छाया-प्रकाश में भुवन का अस्फुट स्वरों में गौरा के आगे कॉनफेस करना, यह सब अलग से पाठक के मन पर अंकित हो

जाते हैं। निश्चित रूप से ये अंश हिन्दी गद्य-कला के उत्कृष्टतम चित्र हैं। वे अज्ञेय की सूक्ष्म संवेदना द्वारा ही अंकित हो सकते थे। लेकिन वे उसी संवेदना की सीमा भी निर्धारित करते हैः फ्रेंच उपन्यासकर फ्लाबेयर पर लिखते हुए मार्टिन टर्नल ने उसकी संवेदनात्मक सीमा की ओर इसी सन्दर्भ में संकेत किया हैः

> ''.....His (Flaubert's) originality appears rather in sudden glimpses, into moral significance of a person or place...''
>
> (The Novel in France: Martin Trunell)

'अज्ञेय' की 'सीमा' भी यही है। साथ ही वे दो स्तरों पर अपने को सीमित करते चलते हैंः 'जंगल' के स्थान पर 'पेड़' और पेड़ के स्थान पर 'डाल' तथा 'डाल' में भी वे पत्तियाँ 'चुनते हैं'। अर्थात् एक ओर तो वे अपनी 'संवेदना' के अनुरूप सीमित वर्ग, रुचि, तथा स्तर के व्यक्तियों का चुनाव करते हैं–दूसरी ओर उनकी प्रवृत्तियों के बीच भी वे चुनाव करते हैं–और फलस्वरूप वहाँ भी वे पुनः 'स्टेज' और 'स्पॉट' का चुनाव करते हैं। फ्लावेयर के सन्दर्भ में मार्टिन टर्नल ने उसे केवल लेखक की 'संवेदना' की सीमा ही नहीं, बल्कि 'विकृत-संवेदना' माना है–लेखक की 'शक्ति' और सामर्थ्य के अनुपात में जिसका दुष्परिणाम होना स्वाभाविक हैः

> "I think that we must go on to say that his (Flaubert's) sensibility was not simply limited and intermittant, but was undoubtedly defective. It was a sensibility which only touched life at comparatively few points and we have seen from his descriptions of urban life that there was a wide variety of situations, at which it failed to register at all."
>
> (The Novel in France: Martin Turnell)

दूषित 'संवेदना' दूषित 'नैतिक दृष्टि' को जन्म देती है (स्वयं 'अज्ञेय' ने भी 'संवेदना' को नैतिकबोध का पर्याय माना है–शिक्षायतन-कलकत्ता में 'आधुनिकता' पर दिये गये अपने वक्तव्य में) और 'नदी के द्वीप' में 'प्रेम' के आधार पर एक विशेष 'नैतिकता' के निर्माण का प्रयास किया गया है–'नदी के द्वीप' के पात्रों की 'पीड़ा' और 'सफरिंग' 'प्रेम' की है और उसका 'जीवन-दर्शन' भी 'प्रेम की पीड़ा' से ही उत्पन्न होने वाला हैः 'प्रेम' का 'दुःख' ही उसके 'पात्रों' को –'माँजता' है। अतः इस प्रेम की नैतिकता को समझ लेना आवश्यक है। हिन्दी कथा-साहित्य में क्रमशः परिवर्तन होनेवाली प्रेम सम्बन्धी धारणा पर भी इससे प्रकाश पड़ता हैः 'अज्ञेय' की 'प्रेम-धारणा' और उसकी 'नैतिकता' पर बंगाली नैतिकता और गाँधीवादी

रोमैंटिक नैतिकता (मैं गाँधीवादी नैतिकता को भी मूलतः रोमैंटिक नैतिकता मानता हूँ—उसी व्यापक रोमैंटिक प्रवृत्ति का परिणाम—जिसमें एक ओर रोमैंटिक साहित्य पैदा हुआ और दूसरी ओर गाँधीवादी समाज) का पर्याप्त प्रभाव है—खासतौर पर जैनेन्द्र के माध्यम से (ऊपर देखा जा चुका है कि जैनेन्द्र की 'एक रात' कहानी का 'नदी के द्वीप' पर कितना प्रभाव है)! 'प्रेम' को 'जीवन की प्रक्रिया' (सामान्य प्रक्रिया) से पृथक् तथा अतिरिक्त 'मूल्य' के रूप में देखने की प्रवृत्ति और उसी रूप में निरन्तर उसके वायवी स्परूप को गढ़ते जाना—गोया 'जीवन' से अलग जाकर 'प्रेम' को पाया जा सकता है और इस 'प्रेम' के माध्यम से किसी 'परोक्ष' और 'अपर'—'दृष्टि' या 'दर्शन' को! (स्वयं गाँधीजी 'प्रेम' के इस रूप को 'सामान्य जीवन' से संयुक्त कर उसका सामाजिक उपयोग या राजनीतिक उपयोग कर सके थे—जबकि रोमैंटिक साहित्यकार ऐसा नहीं कर सके!) 'नदी के द्वीप' की नैतिकता तत्कालीन प्रवृत्ति की इसी भंगिमा पर आधारित है। 'प्रेम' वहाँ जीवन-दर्शन का आधार इसलिए है कि वह 'चरम उपलब्धि' का 'क्षण' है जिसके बाद जीने का कोई अर्थ नहीं रह जाता![1] 'भुवन' और 'रेखा' इस 'चरमक्षण' के बाद भी जीते हैं। लेकिन यह मानकर कि उनका जीवन उसके साथ ही समाप्त हो गया और उसके बाद 'कुछ भी' हो सकता है। भुवन 'युद्ध' में अपने को नष्ट करने जा सकता है और उसके बाद 'गौरा' से प्रेम कर सकता है—'रेखा' डॉक्टर...से विवाह कर सकती है। प्रेम के इस रूप को चरम और अन्तिम मानने में 'नदी के द्वीप' की रोमैंटिकता है—'जीवन' को 'प्रेम' की इस चरम उपलब्धि और 'क्षण' के साथ समाप्त मानने में। समानान्तर विदेशी प्रेम-उपन्यास हेमिंग्वे के 'शस्त्र-विदाई' (फेयरवेल टू आर्म्स) के अन्त के सम्बन्ध में कालिन-विल्सन ने लिखा थाः

> "The flow of 'A Farewell to Arms' is the flow of a love story. But the love story ends, and the life still goes on; The Hero's bewilderment is the bewilderment of a man who had thought the meaning lay in the love then finds himself forced to live without it."
>
> (A writer's Prospect: Colin wilson –The London Magazine–August 1956)

---

1. सम्भवतः लेखक की इसी दुर्बलता को ध्यान में रखकर सार्त्र ने लिखा थाः

'A work is never beautiful unless it is some way escapes its auther. If he paints himself without planning to, if his characters escape his control and impore their whims upon him then he does his best work."

(What is literature : J.P. Sartre.)

'नदी के द्वीप' के नायक का कभी ऐसा 'मोहभंग' नहीं होता। वह एक 'प्रेम' से छँटकर दूसरे 'प्रेम' की ओर दौड़ता है—'अर्थ' के अन्वेषण में!

'नदी के द्वीप' छायावादी युग का प्रतिनिधि उपन्यास है और उसके 'प्रेम' के माध्यम से 'रोमैंटिक प्रेम' का पूरा विश्लेषण किया जा सकता है:—लेखक किस प्रकार अपने संस्कारों से बँधा रहता है तथा संस्कारों एवं युग के दबाव के बीच वह कैसे प्रच्छन्न आकार ग्रहण करने को बाध्य होता है! 'रोमैंटिक प्रेम' निरन्तर एक विशेष प्रकार की 'अपराध-चेतना' से पीड़ित रहता है, क्योंकि युग के संस्कारों (रूढ़िबद्ध प्राचीन संस्कार) के कारण उसके अचेतन में कहीं यह भावना रहती है कि 'प्रेम' अपने 'स्थूल' तथा 'शारीरिक' रूप में अनैतिक है। इसी कारण वह 'प्रेम' को 'वायवी' रहस्यपूर्ण और किसी हद तक काव्यात्मक परिवेश देने को बाध्य होता है! 'नदी के द्वीप' में इसी कारण 'प्रेम व्यापार' के 'परिशोधन' की वृत्ति प्रारम्भ से अन्त तक चलती है। निरपेक्ष होने के कारण यह 'प्रेम' एक ओर तो 'सामाजिक' नहीं है और इसी कारण स्वाभाविक भी नहीं है। 'नदी के द्वीप' की 'कृत्रिमता' सभी स्तरों पर है—वह उसके पूरे कलेवर और दृष्टिकोण में है।

'प्रेम' के प्रति यह 'दृष्टिकोण' अन्ततः जीवन के प्रति दृष्टिकोण है जो क्रमशः 'अज्ञेय' को 'अमूर्तता' (Abstraction) की ओर ले जाता है। 'शेखर' यदि सही अर्थों में क्रान्तिकारी होता तो उसके लेखक का विकास 'अमूर्त समस्याओं' की दिशा में नहीं होता—'नियतिवादी' रोमैंटिक 'विद्रोही' ही 'रहस्यमयता', अलौकिकता, आध्यात्मिकता और इन सबके माध्यम से 'अमूर्तता' की ओर मुड़ता है जो 'रचनात्मक लेखन' की 'मृत्यु' होती है। 'नदी के द्वीप' के पात्र जीवन की स्थूल और वास्तविक समस्याओं से नहीं उलझते, उनके लिए कोई अस्तित्व ही नहीं है उनका—अमूर्त समस्याएँ उन्हें जीवन से दूर ले जाती हैः लेखक के ऐसे ही दृष्टिकोण को लक्षित कर लारेंस ने फ्लावेयर के सम्बन्ध में लिखा था "Flaubert stood away from life as from a leprosy" फ्लावेयर के सम्बन्ध में ये पंक्तियाँ उद्धृत करते हुए एफ. आर. लेविस ने इस प्रकार के दृष्टिकोण के दुष्परिणामों की चर्चा की हैः "For the later Aesthetic writers, in general, represent in a weak kind of way the attitude that Flaubert maintained with a 'parverse heroism. 'Form' and 'style' are ends to be sought for themselves, chief preoccupation is with elaborating beautiful style to apply to the chosen subject."

(F. R. Leavis : The Great Tradition.)

'नदी के द्वीप' अपनी सतर्क सौन्दर्य-योजना तथा आभिजात्य संस्कारों के द्वारा प्रेमचन्द की परम्परा से पृथक् तथा कथा की प्रकृत परम्परा से पृथक् एक अत्यन्त परिष्कृत किन्तु अस्वस्थ परम्परा का विकास करने का सहज ही उत्तरदायी होता है। 'नदी के द्वीप' शेखर की अपेक्षा अधिक रोमैंटिक उपन्यास है: 'शेखर' के सामने एक समाज है—जिसे चाहे आईने के रूप में ही वह देखता है! लेकिन 'नदी के द्वीप' के पात्रों के सम्मुख समाज है ही नहीं, उनके सामने केवल नदियाँ हैं, पहाड़ हैं या फिर अपनी डायरी, किताबें और अपना मन है—एकोन्मुख और निश्चिंत! वे आसानी से समाज की ओर से पीठ मोड़कर खड़े हो जाते हैं: एक ऐसे 'समाज' और 'साहित्य' के युग में जब केन्द्र नैतिक समस्याओं से 'सामाजिक समस्याओं' की ओर स्थानान्तरित हो रहा था!

यदि 'नदी के द्वीप' की अमूर्तता और उसके पात्रों की समस्याएँ अमूर्तता के उस धरातल तक (एक मेटाफिजिकल क्वेस्ट के धरातल तक) पहुँच सकी होतीं जहाँ अमूर्तता मानवीय अस्तित्व की आधारभूत और वास्तविक समस्याओं से जुड़ जाती है और लेखक का दृष्टिकोण सौन्दर्यवादी रोमैंटिकता से मुक्त हो पाता तो 'नदी के द्वीप' यदि परिपक्व कथा-कृति नहीं तो कम से कम प्रौढ़ कलाकृति बन जाता! लेकिन उसकी अमूर्तता अनुभव बिम्बों और अनुभूति-क्षणों को अलगाने में उलझ गयी है: अनुभवों और अनुभूतियों को व्यक्त कर पानेवाली सूक्ष्म कला पुनः एक विशेष प्रकार के अनुभववाद (Cult of experience) को जन्म देती है जो हिन्दी की आधुनिक कथाओं में एक विशेष शिल्प-प्रकार और अभिव्यक्ति विधा ही बन गयी है। इस अनुभववाद के खतरों की ओर संकेत करते हुए नयी कहानी के श्रेष्ठ समीक्षक डॉ. नामवर सिंह ने लिखा था, ''साधारण पाठक तो अनुभूतियों के वर्णन से अभिभूत हो जाता है—इतना अभिभूत कि इन अनुभूतियों के पीछे छिपे दृष्टिकोण की ओर ध्यान ही नहीं दे पाता! लेकिन इसके पीछे कोई मुर्दा भोगवाद नहीं है?...वैयक्तिक सम्बन्धों की बारीकियों में इतनी दिलचस्पी और नितान्त निजी अनुभूतियों के छोटे-छोटे क्षणों का ब्योरा देने में इतनी रुचि किस ओर ले जाएगी?''

(नयी कहानियाँ-जनवरी, 62, 'छोटे-छोटे ताजमहल और अनुभूतियों की सीमाएँ')

अज्ञेय सूक्ष्म ब्योरों और अनुभूति-क्षणों के 'सूत्र' गढ़ते हैं—विचार-सूत्र! तथा विचारसूत्रों के आधार पर विचार-दर्शन! 'सूत्रों' की सीमाओं और अकलात्मकता पर हम पहले ही विचार कर चुके हैं लेकिन यह प्रक्रिया क्रमशः अपनी तर्कसंगत दिशा में बढ़ती हुई विचारों को भी छोड़कर अनेक आधुनिक कहानियों में 'अनुभूति-मोह'

पर ही केन्द्रित हो गयी है! 'अज्ञेय' इस प्रवृत्ति के कहाँ तक जिम्मेदार हैं, नहीं कहा जा सकता! किन्तु 'नदी के द्वीप' से अनुभूतिवाद के इस विकास तक एक सीधी रेखा अवश्य दिखाई पड़ती है।[1]

'नदी के द्वीप' का एकमात्र पात्र अपेक्षाकृत जीवन्त और स्वाभाविक है, वह 'चन्द्रमाधव' है! 'चन्द्रमाधव' सही अर्थों में आधुनिक पात्र हो सकता था! अज्ञेय अकस्मात् ही उसके द्वारा आधुनिकता के निकट आ जाते हैं, लेकिन उनकी आधुनिकता हाशिये पर ही रहती है—पूरे उपन्यास में 'चन्द्रमाधव' 'अछूत' ही रहता है। अज्ञेय का आभिजात्य और रोमैंटिक विशुद्धतावादी सौन्दर्य-चेतना चन्द्रमाधव का जानबूझकर बहिष्कार करती है। 'चन्द्रमाधव' एक 'भोगवाद' का प्रतिनिधि बनाया गया है। लेकिन वास्तविक 'भोगवाद' उस छद्म आवरण में है जिसके कलात्मक परिवेश में अन्य पात्र घिरे रहते हैं। 'रोमैंटिकता' इस 'छद्म' आवरण और आडम्बर में है— जिन्दगी को उसके सही रूप में स्वीकार करने की अनिच्छा और काल्पनिक मूल्यों में विश्वास करने की प्रवृत्ति में! आधुनिकता अनावृत्त और 'इनहिविसन्स' से रहित प्रवृत्ति है। चन्द्रमाधव आधुनिक है—खुला और यथार्थ! अज्ञेय का चन्द्रमाधव-विरोधी रुख आधुनिकता-विरोधी दृष्टिकोण है—जो 'नदी के द्वीप' की रोमैंटिकता और यथार्थता को ज्यादा अच्छी तरह उद्घाटित कर देता है! चन्द्रमाधव की समस्याएँ सही अर्थों में आधुनिक, बौद्धिक और शहरी युवक की समस्याएँ हैं: (जिन्हें अज्ञेय चित्रित करके भी समझ नहीं सके हैं!) उसकी भावहीन चरित्र-हीनता, फ्लर्ट करने की सतही प्रवृत्ति, परिवार या किसी एक से भी अपने को संयुक्त कर पाने की असमर्थता, एक मूलहीन (Root-less) जिन्दगी जीने की

---

1. यह अजीब लग सकता है कि मैंने स्थान-स्थान पर आधुनिक कहानियों की अनेक अस्वस्थ प्रवृत्तियों का मूल अज्ञेय में ढूँढ़ने की चेष्टा की है और उन्हें उनके लिए जिम्मेदार ठहराया है किन्तु प्रारम्भ में ही मैंने दिखाने का प्रयास किया है कि इस अध्ययन का उद्देश्य आधुनिकता और अज्ञेय के बीच सम्बन्ध ढूँढ़ने का प्रयास है, एक सही सम्बन्ध जिसके द्वारा अज्ञेय और आज की आधुनिकता दोनों को ठीक-ठीक समझा जा सके। क्योंकि अज्ञेय प्रेमचन्दोत्तर काल के सबसे शक्तिशाली हिन्दी लेखक हैं और परवर्ती साहित्य पर सर्वाधिक प्रभाव उनका ही रहा है। यदि 'आधुनिक संवेदना' के मूल में यदि किसी व्यक्ति विशेष द्वारा विकसित संवेदना रही है तो वह अज्ञेय की ही रही है (इसका तात्पर्य यह बिल्कुल नहीं है कि एक युग विशेष की संवेदना किसी एक व्यक्ति के द्वारा निर्धारित की जा सकती है!) यदि परवर्ती साहित्य की प्रवृत्तियों का विश्लेषण किया जाय तो उसके मूल में अज्ञेय बहुत दूर तक दिखाई पड़ेंगे, लेकिन वह प्रस्तुत अध्ययन की विषय-सीमा से बाहर का विषय है इससे संकेत मात्र ही किया जा सका है।

विवशता—इन सब में आधुनिक जिन्दगी का एक विरस लेकिन करुण यथार्थ निहित है! 'नदी के द्वीप' का महत्त्व चन्द्रमाधव की सृष्टि करने में है, एक सही आधुनिक चरित्र! आधुनिकता के अंकुर चन्द्रमाधव के माध्यम से उपन्यास में मिलते हैं। वह उपन्यास में एक निगेटिव चरित्र है लेकिन वस्तुतः उपन्यास की एक पॉजिटिव उपलब्धि! और यहाँ भी अज्ञेय दो संस्कारों, दो युगों के सेतु-रूप में सामने आते हैं।

'नदी के द्वीप' की आधुनिकता का एक और परोक्ष स्तर है: 'नदी के द्वीप' की पीड़ा, सफरिंग और समाज से विमुखता—परोक्षरूप से ही—परिवर्तन के उस क्रम की ओर संकेत करती है जब लेखक और समाज के बीच एक अन्तराल आने लगा था (यदि 'नदी के द्वीप' में यह अलगाव महसूस करने की क्रिया चेतन होती तो उसे ज्यादा आसानी से समझा जा सकता था)। प्रेमचन्द तक का लेखक समाज और अपने बीच निश्चिन्त था—उसकी समस्या थी समाज के अनुरूप अपने मूल्यों का निर्माण करना! वह समाज के साथ स्वयं को सन्तुलित करता था लेकिन शेखर और 'नदी के द्वीप' का लेखक अचानक पाता है कि वह जमीन उसके नीचे से खिसक चुकी है जिस पर वह अभी तक खड़ा था! अतः कुछ क्षणों तक तो वह 'त्रिशंकु' की अवस्था में अधर में लटका रहता है, लेकिन फिर वह अपने लिए अलग 'नदी के द्वीप' का प्रयास करता है! वस्तुतः त्रिशंकु की अवस्था हास्यास्पद होते हुए भी अधिक यथार्थ तथा मार्मिक थी। इसी अर्थ में ज्यादा आधुनिक! (डान क्विग्जोट किसी भी यूटोपिया से अधिक यथार्थ और आधुनिक था।) लेकिन अज्ञेय त्रिशंकु की स्थिति के यथार्थ को स्वयं ही समझ नहीं सके और शीघ्र ही 'नदी के द्वीप' में पुनः रोमैंटिक आश्रय में लौट गये। अतः 'नदी के द्वीप' में यह अन्तराल तो है लेकिन उसका बोध नहीं है।

वस्तुतः 'अज्ञेय' ने अपनी कृतियों के द्वारा एक अतिशय महत्त्वपूर्ण दायित्व का कार्य आरम्भ किया था: आधुनिक कलाकार को उसके रचनात्मक दायित्व का बोध कराते हुए उसे सामान्य मनोरंजनकर्त्ता—(Entertainer) के स्तर से ऊपर उठाकर कथा-साहित्य को गम्भीर 'विधा' के रूप में ग्रहण करना! हिन्दी के सन्दर्भ में यह तत्कालीन रचनात्मक लेखक का सबसे महत्त्वपूर्ण कार्य था। प्रेमचन्द और जैनेन्द्र की परम्परा में यह एक विशिष्ट प्रयास था— अधिक विस्तृत और अधिक सचेत! किन्तु 'अज्ञेय' अपने इस प्रयास में 'पेंडुलम के दूसरे छोर' पर पहुँच गये। 'मात्र मनोरंजन' से ऊपर उठने का क्रम उन्हें (अनेक कारणों से जिनमें व्यक्तिगत पूर्वग्रह, एक) जीवन से ही ऊपर ले गया—पहले 'त्रिशंकु' की स्थिति में और फिर

'मैनफ्राइडे' के रूप में बहिष्कृत, निर्जन द्वीप पर! अमूर्त नैतिक समस्याओं से उलझते हुए 'स्थूल समस्याओं' से ही अलग हो गये!

इस प्रकार यह महत्वपूर्ण प्रयास एक रोमैंटिक भूल-भुलैया में खोकर रह गया (आधुनिकता को एक गलत दिशा देता हुआः नये कथाकार बहुत दिनों तक इस 'भूल-भुलैया' में उलझे रहे हैं और अब क्रमशः उससे मुक्त हो पा रहे हैं—'मुक्त' होने की उनकी यह कोशिश ही शायद 'अज्ञेय' को 'नये कवि के प्रति', जैसी कविता लिखने को बाध्य करती है) अतः 'अज्ञेय' ने जहाँ एक ओर आधुनिकता का द्वार पहली बार दिखाया—वहीं दूसरी ओर से उसे काफी दिनों तक अवरुद्ध भी कर रखा!

विकास का वृत्त

(अपने-अपने अजनबी)

'अपने-अपने अजनबी' 'अज्ञेय' का अन्तिम उपन्यास है (अबतक) और उनके विकास की जिस दिशा को हम अबतक लक्षित करते रहे हैं—उसे एक परिणति तक पहुँचा देता हैः 'शेखर' और 'नदी के द्वीप' के बीच विकास का जो क्रम है, 'नदी के द्वीप' और 'अपने-अपने अजनबी' के बीच भी वही है। 'अज्ञेय' का आरम्भ 'मृत्यु-बोध' ('शेखर') से होता है और 'मृत्यु' तक ही नहीं—बल्कि 'आत्महत्या' तक पहुँचता हैः रोमैंटिक विद्रोही या तो 'कैरियरिस्ट' हो जाता है या आत्महत्या करता है। विकास का यह एक वृत्त है जो 'अपने-अपने अजनबी' में पूरा हो गया है।

'नदी के द्वीप' 'शेखर' की अपेक्षा लघु कलेवर का उपन्यास है—अधिक केन्द्रित, संयत तथा एकोन्मुख! 'अपने-अपने अजनबी' एक लघु-उपन्यास है क्योंकि वह पूर्णतः 'प्रतीकात्मक' उपन्यास है—एक 'अशरीरी कथा' का केन्द्र! 'नदी के द्वीप' की अपेक्षा अधिक 'कंडिशंड' और जटिल!

'अपने-अपने अजनबी' में 'अज्ञेय' ने आधुनिकता के एक पक्ष को पूरी तरह ग्रहण करने की कोशिश की है—वह उनका प्रथम-आधुनिक उपन्यास है और हिन्दी का प्रथम 'अस्तित्ववादी उपन्यास' है—'अज्ञेय' की रोमैंटिक आध्यात्मिकता को 'अस्तित्ववादी' रहस्यवादिता और धार्मिकता में ही शरण मिल भी सकती थी! सामान्यतः उन्होंने आधुनिकता के दो स्थूल पक्षों में से उस पक्ष को ग्रहण किया है जो 'विज्ञान-विरोधी' है और मनुष्य के 'मेटाफिजिकल क्वेस्ट' में विश्वास करता है। उसका पहला पक्ष 'सामाजिक संघर्ष' की पृष्ठभूमि में विकसित हुआ है—'मार्क्सवाद' से सटा हुआ! जहाँ यदि समाज 'सड़ा हुआ' (राटेन) है तब भी वह लेखक की बाध्यता हैः यह 'बोध' कि वह समाज से 'पीठ नहीं मोड़ सकता' (रोमैंटिक की तरह)—उससे नफरत करते हुए भी, उससे लड़ते हुए भी उसे जीता

है–अपने 'बन्द कमरे में भी वह बाहर की दस्तकें' सुनने को बाध्य है: इस पक्ष का सामान्य रूप अमरीकी लेखकों तथा सर्वोत्तम रूप ब्रेख्त की रचनाओं में मिलता है–जो अपने युग और इतिहास के दबाव से इस तरह दबा हुआ है कि अपने सामने और अपने 'चारों ओर' से मुँह मोड़कर–(किसी दूसरी दुनिया में तो जाने की वह कल्पना भी नहीं कर सकता) न तो वह अपने भीतर उतर सकता है और न भीड़ के दबाव से अलग 'प्रकृति' को ही चुन सकता है।

आधुनिकता का दूसरा पक्ष अस्तित्ववादी लेखकों से सम्बद्ध है: Out Sider इस पक्ष के सर्वोत्तम उदाहरण हैं:–एक के लिए दुनिया सपनों की भूल-भुलैया है तो दूसरे के लिए 'अर्थहीन और एब्ससर्ड'! इसके बावजूद काफ़्का एक 'समाज' का आलोचक है और 'कैमू' 'एब्सर्ड करेज' की बात करता है 'मिथ आफ सिसपस' के द्वारा! अस्तित्ववाद के सबसे सशक्त आधुनिक उद्घोषक सार्त्र का 'अस्तित्ववादी' 'मार्क्सवाद' से बुरी तरह उलझ गया है।[1] ये सभी लेखक किसी न किसी रूप में 'मृत्यु' की और 'बोध' की बातें करते हैं–'स्वतन्त्रता' उनके मनुष्यों की सबसे बड़ी समस्या है। मनुष्य को उसके सामाजिक तथा पारिवारिक घेरे से निकालकर 'सार्वभौमिक' धरातल पर प्रतिष्ठित करना उनका उद्देश्य रहा है: लेकिन इन सबके 'मानव' एक साथ अपनी व्यक्तिगत, राजनैतिक और 'अस्तित्वजन्य' स्वतन्त्रता, सबके लिए लड़ते हैं–'स्थूल' और 'सूक्ष्म' समस्याएँ यहाँ पृथक् नहीं हैं–'अस्तित्व' की सामान्य शर्तों से बँधी हुई हैं: मानवीय अस्तित्व के सम्बन्ध में अमूर्त से अमूर्त प्रश्न भी कहीं न कहीं 'बेहद स्थूल' हैं–'होने' के हर एक क्षण से जुड़े हुए! अस्तित्ववाद की सबसे बड़ी उपलब्धि है: 'मेटाफिजिक्स' की अमूर्तता को इतना 'ग्राह्य' और 'स्थूल' बना देने में कि वह 'मुट्ठियों' में महसूस की जा सके!

'अज्ञेय' ने 'अपने-अपने अजनबी' में अस्तित्व के इन्हीं आधारभूत सवालों को उठाया है (उन्हीं कोणों से जिनसे अस्तित्वकार उठाता है, उसकी पारिभाषिक पदावली भी अस्तित्ववाद से यथावत् ग्रहण कर ली गयी है) लेकिन उन्हें 'मुट्ठियों' में महसूस नहीं कर सके हैं: वे अस्तित्ववाद की आध्यात्मिक अमूर्तता में ही उलझकर रह गये हैं (हमेशा की तरह)।

---

1. What does literature stand for in a Hungery world? Like morality, literature needs to be universal. So that the writer must put himself on side of the majority of the two billion starving, if he wishes to be able to speak to all and be read by all."

(J.P. Sartre: Encounter–June 1964)

अतः 'अपने-अपने अजनबी' में 'अस्तित्ववाद' अपने सभी घोषित उपकरण के साथ उपस्थित है—उसका अध्ययन 'अस्तित्ववादी दृष्टिकोण' के सन्दर्भ में ही किया जा सकता है।

दूर-दूर तक बर्फ का अन्तहीन विस्तार—सफेद, अछूती क्वारी बर्फ—और उसके बीच बर्फ से ही ढँका हुआ—बर्फ की कब्र बना हुआ एक छोटा-सा घर और उसमें बन्द दो प्राणीः दो स्त्रियाँ 'योके और सेल्मा': "एक अन्तहीन, परिवर्तनहीन, धुँधली रोशनी जो न दिन की है न रात की है, न सन्ध्या के किसी क्षण की ही है—एक अपार्थिव रोशनी जो कि शायद रोशनी भी नहीं है; इतना ही है कि उसे अन्धकार नहीं कहा जा सकता।"

'अपने-अपने अजनबी' की कथा अजनबी देश के इसी अजनबी वातावरण से प्रारम्भ होती है! 'योके' और 'सेल्मा'—ये दो स्त्रियाँ—युवती और वृद्धा—इस घर में कैद हैंः बर्फ पिघलने तक या घुटकर मर जाने तक! उपन्यास तीन खंडों में हैः दूसरा खंड 'सेल्मा' के अतीत से सम्बन्धित है और तीसरा 'योके' के भविष्य से। 'योके' और 'सेल्मा' मृत्यु की प्रतीक्षा करने के लिए एक साथ कैद कर दी गयी हैं—वे सहभोक्ताएँ हैं—पर परस्पर कम परिस्थितियाँ हैं! केवल एक बाध्यता है जिसने उन्हें आकस्मिक रूप से साथ रखकर कैद कर दिया है! 'मृत्यु' के इस 'आतंक' (Horror) से ही उपन्यास का आरम्भ होता है (शेखर की भाँति)। 'मृत्यु' का आतंक ही उपन्यास की मुख्य कथावस्तु है!

'अपने-अपने अजनबी' का यह वातावरण हिन्दी उपन्यासों की परम्परा के लिए एकदम नया है (लेकिन अज्ञेय की अपनी परम्परा के अनुकूल ही है) लेकिन अस्तित्ववाद के सन्दर्भ में यही समस्या पूर्वपरिचित है। 'सार्त्र' के प्रसिद्ध नाटक 'दी कैमरा' का उदाहरण इस वातावरण के परिचय के लिए पर्याप्त हैः नाटक में कुछ लोग एक कमरे में कैद कर दिये गये हैं जिसे नरक माना गया है। कैद की इस बाध्यता में वे अन्त में यह समझ जाते हैं कि वास्तविक नरक यह कैद का कमरा नहीं बल्कि यह 'बाध्यता' है कि वे साथ हैं! "Hell is other people." सेल्मा और योके भी इसी बाध्यता में एक दूसरे के साथ हैं—पहले 'योके' यह समझती है कि 'वह अकेली नहीं है, और इससे मानो उसकी तात्कालिक समस्या हल हो गयी।' पर क्रमशः वह समझती है कि जिस बाध्यता के कारण वे साथ हैं, उसकी पीड़ा मृत्यु के भय से भी बड़ी है—वह सोचती है "मैं—यह भी भूल गयी हूँ कि हम दोनों एक ही वायु के साझीदार हैं और सोचती हूँ तो केवल एक ही बात कि कब यह साझीदार हट जाएगा और मैं इस कब्र में अकेली रह जाऊँगी।" यह 'बाध्यता' ही सबसे बड़ा सत्य है। पूरा उपन्यास इस 'बाध्यता' को ही कई पहलुओं

से देखने की प्रक्रिया है "हम स्वतन्त्र नहीं हैं, हम चुन नहीं सकते; कुछ भी किसी के बस का नहीं है, एक ही बात हमारे बस की है, इस बात को पहचान लेना। इससे आगे हम कुछ नहीं जानते।" योके और सेल्मा साथ हैं—किन्तु दोनों में यहीं फर्क है—यहीं दोनों दो-दुनियाओं में रह रही हैं। 'सेल्मा' इस 'बोध' से परिचित है योके नहीं है—वह सोचती है "और ठीक यहीं पर फर्क है। वह जानती है और जानकर मरती हुई भी जीये जा रही है और मैं हूँ कि जीती हुई भी मरना चाह रही हूँ।" इसी कारण योके बर्फ की उस कब्र में अपने-आप से लड़ती है और सेल्मा से घृणा करती है! इसी कारण वह मृत्यु से डरती है—सेल्मा नहीं डरती।

किन्तु यह मृत्युंजय 'बोध' सेल्मा को कैसे प्राप्त हुआ? उपन्यास का दूसरा खंड 'बोध' को प्राप्त करने की प्रक्रिया है—सेल्मा के अतीत से सम्बन्धित—किस प्रकार वह 'योके' की स्थिति से उबर कर 'सेल्मा' बनती है उसकी 'कहानी': यहाँ बर्फ की कब्र है और वहाँ बाढ़ के "प्रलयंकर विनाश के बीच में बेतुका-सा खड़ा रह गया था तीन खम्भों पर टँगा हुआ पुल का बीच का हिस्सा और उसके ऊपर की तीन-चार दुकानें और उनमें बसे हुए तीन-चार लोग।" इन्हीं में 'सेल्मा' और 'यान' हैं—इस खंड के प्रमुख पात्र! यहाँ सेल्मा 'योके' की स्थिति में है और 'यान' हैं (पुरुष) 'सेल्मा' की स्थिति में—'अन्तर्बोध' प्राप्त व्यक्ति के रूप में! 'सेल्मा' यहाँ सोचती है कि "दुनिया का मतलब और कुछ नहीं है सिवा इसके कि एक वह है, और बाकी ऐसा सब है जो कि वह नहीं है, और जिसके साथ उसका केवल विरोध का सम्बन्ध है।" लेकिन 'मृत्यु बोध' का साक्षात्कार और साहचर्य की बाध्यता उसे क्रमशः इस स्थिति से उबारती है—'यान' की 'सफरिंग' (जैनेन्द्र के नायकों की भाँति) उसे उस बोध का साक्षात्कार कराती है—एक टिपिकल गाँधीवादी संस्कारों से मुक्त 'यान' 'अज्ञेय' को अस्तित्ववाद और उनके 'पीड़ावाद' के बीच एक टूटे हुए पुल की तरह स्थित रखता है। 'यान' और सेल्मा "टूटे हुए पुल से दूर 'नाव' में आ जाते हैं—जिसमें से एक नया जीवन उपजा—एक नया अनुभव, एक नयी गृहस्थी, तीन सन्तानें...।" लेकिन 'अज्ञेय' अपने विचारों के उस टूटे पुल पर ही स्थित रहते हैं: —वे दूसरे खण्ड की कथा के द्वारा कहना चाहते हैं कि 'मृत्युबोध' के दबाव के भीतर ही 'सेल्मा' को वह 'दृष्टि' मिली जो उसे पहले खंड में 'योके' से भिन्न रखती है और एक दुहरी 'मृत्यु'—'कैंसर' और 'बर्फ की कैद' के बीच भी जीवित रखती है! किन्तु दूसरे खण्ड की कथा पुरुष-नारी के एकान्त-साहचर्य की कथा मात्र बन गयी है जिसमें परिणति के रूप में 'सेल्मा यान' का एकीकरण स्वाभाविक था!—उसका पुरुष-नारी संज्ञा से पृथक् Hell is other people की बाध्यता के बीच उत्पन्न होने वाले बोध से कोई सम्बन्ध नहीं

है। और तब वह 'अर्थवत्ता' झूठी पड़ जाती है जो 'सेल्मा' 'योके' को अपने इस अनुभव के माध्यम से देना चाहती है "यही एक प्रत्यय है जो—नये सिरे से जिया जाता है और जब जिया जाता है तब फिर मरा नहीं जाता, जो प्रकाश पर टिका है और जिसमें अकेलापन नहीं है... ।"

'योके' इस 'प्रत्यय' को प्राप्त नहीं कर पाती। इसी कारण सेल्मा मर जाती है लेकिन 'योके' केवल एक 'गुफा' से बढ़कर दूसरी गुफा तक पहुँचती है और उसके 'अकेलेपन' को उसकी 'ठठरी दुहराती' रह जाती है: सेल्मा मर जाती है—प्रशान्त और तृप्त क्योंकि वह जानती थी कि 'वरण की स्वतन्त्रता कहीं नहीं है'...कि वरण की स्वतन्त्रता नहीं है लेकिन रचना फिर भी सम्भव है और उसमें ही मुक्ति है। और वह 'मुक्त' हो जाती है। लेकिन योके 'वरण' करना चाहती है—वह 'चुनना' चाहती है—इसलिए चुनती है एक 'हरामी मौत'। एक अजनबी भारतीय के सम्मुख वह अपनी 'मृत्यु' को और उसके माध्यम से स्वतन्त्रता को चुनती है "मैंने स्वतन्त्रता को चुन लिया...मैं मर रही हूँ—अपनी इच्छा से चुनकर मर रही हूँ, हरामी मौत।"

'अपने-अपने अजनबी' की कहानी 'योके' की इस हरामी मौत के साथ समाप्त हो जाती है! सम्भवतः 'अज्ञेय', 'सेल्मा' और 'योके'—के समानान्तर चरित्रों और उनकी 'मृत्यु' के द्वारा—अस्तित्ववाद के इस सिद्धान्त का परिशोधन करना चाहते थे जो कहता है "It is not possible not to choose...I must know that if I do not choose that is still a choice"...and..."Man is condened to be free..."[1] लेकिन अज्ञेय की सेल्मा कहती है कि "'वरण' की स्वतन्त्रता कहीं नहीं है...लेकिन रचना फिर भी सम्भव है और उसी में मुक्ति है।" 'योके' उसे न स्वीकार करके चुनती है 'वरण' करती है—इसलिए मरती है—'एक हरामी मौत'।

इस प्रकार अज्ञेय अस्तित्ववाद के हाशिये पर भ्रमण करके पुनः अपने 'पीड़ावादी' कठघरे में वापस लौट आते हैं—उनके वैचारिक विकास का क्रम 'शेखर' से 'अपने-अपने अजनबी' तक एक वृत्त बनाकर ही रह जाता है। 'अपने-अपने अजनबी' की आधुनिकता भी अस्तित्ववादी पदावली तथा 'कथानक' की 'योजना' (सेटिंग) तक ही सीमित रह जाती है।

इसके बावजूद 'अपने-अपने अजनबी' की सफलता इस बात में है कि इसमें 'अज्ञेय' अनेक ऐसे 'मोहों' से मुक्त हो सके हैं जो 'नदी के द्वीप' तक उनके दृष्टिकोण और शिल्प—दोनों में उन्हें घेरे हुए हैं। मसलन—'रोमैंटिक काव्यात्मकता'—जो अबतक उनके उपन्यासों का 'व्यक्तित्व' गढ़ती थी—'अपने-अपने अजनबी' में

---

1. Existentialism and Humanism of J.P. Sartre.

समाप्त हो गयी है। 'नदी के द्वीप' के पात्र आरोपित करुणा, व्यथा और पीड़ा के प्रचारक हैं—वह उनका रोमांस है—खाली क्षणों का रोमांस! एक लक्ष्यहीन तथा सन्दर्भहीन उदासी को वे ओढ़े फिरते हैं। और सबके पीछे रोमैंटिक 'प्रेम' की तरलता रहती है। 'अपने-अपने अजनबी' में यह 'तरलता' झर गयी है (बहुतों के लिए यही उसकी असफलता भी हो सकती है) पहली बार 'अज्ञेय' ने 'अस्तित्व' सम्बन्धी प्रश्नों को उनके सही धरातल से उठाने की कोशिश की है! उन प्रश्नों को एकदम अनावृत्त और 'सन्दर्भहीन' करके पूरी 'मानवनियति' से जोड़ दिया गया है। यद्यपि इस प्रयास में वे अर्मूत्तता (Abstraction) के 'चरम बिन्दु' तक पहुँच गये हैं जिसकी ओर पहले संकेत किया जा चुका है—लेकिन यह ठोस 'मेटाफिजिकल अमूर्तता'—उनके पूर्व की 'रोमैंटिक अमूर्तता' से कहीं प्रौढ़ तथा आधुनिक है।

दृष्टिकोण के इस परिष्कार (परिवर्तन नहीं) का प्रभाव उपन्यास के शिल्प पर भी पड़ा है। पूरे उपन्यास में स्थूल 'सन्दर्भ' का अतिक्रमण करके ऐसा 'सन्दर्भपूर्ण' भराव उत्पन्न किया गया है जिसने उसे एक गठित आकार दे दिया है! एक केन्द्रित समस्या है जिसकी ओर लेखक पूरे अवधान से उन्मुख होता है। वैसी ही 'नीरन्ध्र' शैली है जैसी उसकी वस्तु है। शब्दों तथा वाक्यों में एक 'रंगहीन-पवित्रता' है! 'अज्ञेय' के अन्य उपन्यासों की तरह यह उपन्यास भी हिन्दी-उपन्यास परम्परा से पृथक् है—उपन्यास-रचना और उसे 'पसन्द' करने—दोनों की परम्परा से पृथक्! इससे उपन्यास 'एकरस' लग सकता है।—लेकिन एक अलग कोण है जहाँ से उसे देखा जाना चाहिए। बर्फ के नीचे जैसे जल की धारा होती है—उसकी 'एकरसता' भी वैसी ही है। एक ओर से स्थिर और एकरस, किन्तु सतह के नीचे तीव्र और संघर्षपूर्ण! प्रत्येक 'मानव' अपने मानव होने के सामान्य और सतही व्यवहारों के नीचे अपने 'अस्तित्व' की समस्याओं से निरन्तर जूझता रहता है—अपने कुछ भी होने और करने की प्रक्रिया के नीचे उसे हमेशा एक भयावह, घृणित लिजलिजी किन्तु सबसे ठोस वस्तु का बोध होता रहता है—'मौत का! जो अनायास कभी भी किसी प्रयास को अर्थहीन कर सकती है।' अतः 'अपने-अपने अजनबी' की एकरसता हमारे अस्तित्व की एकरसता है। घटनाएँ, उनकी परस्पर संगति और उनका कोई सतही परिणाम इस दृष्टि से वह 'डल' हो सकता है किन्तु एक 'मेटाफिजिकल-क्वेस्ट' तथा पूरी मानव-नियति से प्रतीकात्मक रूप में जुड़ा रहने के कारण वह अनुभूति के स्तर पर 'विस्फोट' है।

'अज्ञेय' की 'वैयक्तिकता' भी अभी तक जिस रोमैंटिक 'व्यक्तिवाद' से जुड़ी हुई थी—इस उपन्यास में उससे मुक्त है! आधुनिक कथासाहित्य के पात्र—'व्यक्ति'

और 'टाइप'—दोनों से ऊपर आकर एक साथ ही 'विशेष' और 'सामान्य' दोनों होता है—वह 'प्रतीक' होता है! सम्पूर्ण-मानव नियति का प्रतीक! जो अपने संघर्ष में नितान्त वैयक्तिक होते हुए भी एक ऐसे सांकेतिक अशरीरी तत्त्व से युक्त होता है जो उसे प्रतीक बनाता है।

इस उपन्यास में 'अज्ञेय' की भाषा ने फिर एक नया मोड़ लिया है—उसमें 'नदी के द्वीप' से भी आगे विकास हुआ है। 'दृष्टिकोण' की रोमैंटिकता तरलता समाप्त होते ही भाषा की भावुकता भी कम हुई है—एक सहज और निश्चित गद्यात्मकता उसमें आयी है जो विचारों के साथ आती है। भावनाओं के साथ बह जाने वाली या कई दिशाओं में ढुलक जानेवाली तरलता उसमें नहीं है। लेकिन जिस प्रकार 'अज्ञेय' विचारों में आधुनिकता के हाशिये से ही वापस आ गये हैं उसी प्रकार भाषा में भी (अस्तित्ववादी पदावली का बाहुल्य होने के बावजूद) आधुनिक 'संवेदना' के उपयुक्त लचीलापन वे नहीं ला पाये हैं: 'वस्तु' की प्रतीकात्मकता और अशरीरी अंश के विदाई के उपयुक्त नाटकीयता और 'अंडर-स्टेटमेंट्स' का उसमें अभाव है। 'अज्ञेय' भाषा में 'संकेत' (सजेस्ट) नहीं करते—विश्लेषण करके अर्थ की अन्तर्निहित सम्भावनाओं और सौन्दर्य को समाप्त कर देते हैं! पूरे उपन्यास में खंडों का विभाजन नाटकीय पद्धति से हुआ है—वे तीन अलग-अलग 'स्टेज' हैं (पहले ही देखा जा चुका है कि अज्ञेय इसके अतिरिक्त दूसरी तरह से कथा कह ही नहीं सकते)—तीन-'आईने' जो परस्पर प्रतिबिम्बित होकर बीच की 'वस्तु' को कई पहलुओं से प्रकाशित करते हैं। पर इस नाटकीयता के अनुरूप 'भाषा' में जो अपेक्षित 'तनाव' और संवादों में आवश्यक तेजी (स्विफ्टनेस) होनी चाहिए वह इस भाषा में नहीं है! भाषा की यह नाटकीयता और आकस्मिकता, 'वस्तु' की गम्भीरता को अधिक प्रभावशाली बना सकती थी। उपन्यास के मानसिक वातावरण के अनुरूप ही भाषा भी भारी और गाढ़ी हो गयी है! बहुत गम्भीर बात को बहुत हल्के-फुल्के ढंग से और नाटकीय लापरवाही से कुछ ही शब्दों में उछाल देने से जो प्रभाव आधुनिक उपन्यासों (खास तौर पर अस्तित्ववादी उपन्यासों) में उत्पन्न होता है—उसका उस भाषा में अभाव है। यद्यपि 'अज्ञेय' ने इसकी 'कोशिश' की है और यह कोशिश उसे और दुर्बल बनाने वाली सिद्ध हुई है उससे उनकी भाषा का अपना व्यक्तित्व भी खण्डित हुआ है। इसके अतिरिक्त 'नदी के द्वीप' की ही भाँति उस उपन्यास की दुर्बलता भी उसकी 'योजना' है। उसकी व्यवस्था तथा तराश में अस्पताल की सफाई का आघात तथा आर्ट गैलरी सा सुदूरभाव मिलता है।

उपन्यास की प्रधान चरित्र 'योके' है। वह एक जटिल और आधुनिक चरित्र है। अज्ञेय उसे पूरी तरह आधुनिक बनाने में सफल भी हुए हैं—लेकिन उसी प्रतिद्वन्द्वी भाव के साथ, जिसके साथ उन्होंने चन्द्रमाधव का निर्माण किया था 'योके' के साथ वे आधुनिक मानव की जटिल मनःस्थिति को समझने में जितनी दूर आगे बढ़ते हैं सेल्मा के साथ उससे उल्टी दिशा में उससे ज्यादा दूर तक वापस लौट जाते हैं। इससे उपन्यास एक आध्यात्मिक और धार्मिक कृति बन गया है। ऊपर संकेत किया जा चुका है कि आधुनिक 'चिन्तकों' का एक वर्ग आध्यात्मिक और धार्मिकता की ओर अपने विज्ञान विरोधी दृष्टिकोण के साथ बढ़ रहा है।*

अज्ञेय ने उसे ही अपने ढंग से अपनाने की कोशिश की है 'सेल्मा' इसी कारण भारतीय आस्तिक कम और 'कैथोलिकन' अधिक प्रतीत होती है। यहाँ भी अज्ञेय के 'संस्कार' एक सही और उनके अपने उद्देश्य से युक्त पात्र का निर्माण करने में बाधक होते हैं। अज्ञेय के पात्र और उनका दृष्टिकोण क्यों रोमैंटिकता, आधुनिकता और प्राचीन भारतीय आध्यात्मिकता के बीच उलझा रह जाता है? इसका श्रेय निश्चित रूप से उनके मिश्रित-संस्कारों को है जो मूलतः एक मूलहीन (Rootless) व्यक्तित्व का निर्माण करती हैं। इस सन्दर्भ में अज्ञेय के कथा साहित्य सम्बन्धी अनेक उलझनों का जवाब पाया जा सकता है। इस सम्बन्ध में अज्ञेय की सबसे महत्त्वपूर्ण आत्मस्वीकृति कुछ दिनों पूर्व 'धर्मयुग' में प्रकाशित हुई थी। मनोहर श्याम जोशी ने उसे एक बिलकुल सही शीर्षक देकर (एक अपना ही अजनबी) प्रकाशित भी किया था। उसमें अज्ञेय की आत्मस्वीकृति मूलक ये पंक्तियाँ अत्यन्त महत्त्वपूर्ण हैं (यद्यपि उन्होंने वहीं यह भी आशंका व्यक्त की थी कि उसे आलोचक ले उड़ेंगे)।

"बात यह है कि मैं भारतीय तो हूँ और काफी 'सचेतन' रूप से हूँ लेकिन भारत के किसी एक स्थान या प्रदेश में मेरी जड़ें नहीं हैं। किसी एक समाज से अपना तादात्म्य स्थापित नहीं कर पाया हूँ। जानता हर समाज को हूँ सोचकर उसके बारे में सोच ही सकता हूँ। लेकिन आंचलिक लेखकों के पास किसी अंचल लेखकों के पास किसी अंचल या वर्ग से जैसा तादात्म्य है वैसा मेरे पास नहीं। तो इसलिए मुझे कोई सच्ची बात कहनी हो तो सूक्ष्म या आत्मकथन का सहारा लेना पड़ता है।"

---

* "Human beings...have two major enemies: Their own passions and modern society, and between the two you cannot win...I envesage the new Existentialism as a Mystical revolt based upon recognition of the irrational urge that underlies man's consecious reason..."
(Colin wilson: The Stature of man)

यह अत्यन्त ईमानदार आत्मस्वीकृति है मूलहीन और मिश्रित संस्कारों से युक्त व्यक्ति सूक्ष्मता वायवीयता के माध्यम से अमूर्त्तता की ओर अग्रसर तो होता ही है। तथा इसी आकाशबेलि जीवन के कारण कोई निश्चित और ठोस दृष्टिकोण बताने में असमर्थ होता है। और उसके पास एक ही तरीका होता है कि 'दृष्टिकोण' को रहस्यमय और आध्यात्मिक आकार दे दिया जाय जिसमें 'स्थूल' स्थलों का लोप हो जाय।

अतः परिवेश का यह अजनबीपन अज्ञेय को 'अपने-अपने अजनबी' में जिस सीमा तक लाया है वह उनकी स्वाभाविक परिणति है। 'काफ्का' के क. का अजनबीपन और दुनिया को भूलभुलैया के रूप में देखने के मूल में बहुत दूर तक स्वयं उसका 'यहूदी' होना भी था।* लेकिन जहाँ ये अस्तित्ववादी लेखक बाहरी दुनिया का एक सही और वास्तविक रूप भी उद्‌घाटित करने में समर्थ हुए थे—अपने देश में 'मूलहीन' होकर वे सारी दुनिया से दूसरे धरातल पर जुड़ सके थे। वहीं अज्ञेय अपनी अतिरिक्त 'सचेतन कोशिशों' और दुनिया से ही बाहर जाने की प्रकृति के कारण 'टूटा हुआ पुल' बनकर ही रह गये हैं। यह 'अजनबीपन' 'सचेतन' है (प्रयत्नसिद्ध) इसलिए 'अजनबीपन' है ही नहीं—यह सुचिन्तित तथा वैचारिक ही है 'अनुभूत' नहीं। वस्तुतः मूलहीन व्यक्तित्व की एक खास विशेषता होती है (जिसकी ओर दूसरे सन्दर्भ में पहले यह संकेत किया जा चुका है) जिस पर विचार करते हुए जी.एच. वैनटौक ने लिखा थाः

> "Part of the trouble, ofcourse, has been the increasing '*Rootless-bess*' of the modern world...greatly increased mobility has implied a back of continuty of environment and Subsequent superficializing of relationships." (The Modern Age : 'The Social and Intellectual Background')

इस आधार पर 'अपने-अपने अजनबी' का अजनबीपन सहज ही समझा जा सकता है अनुभव की जड़ें जीवन में सीधे स्थित न होने से मात्र अनुभूतियों और सोचने के द्वारा आस्था की खोज इसी परिणति तक पहुँच ही सकती थी।

---

* In short 'Kafka' is a parial twice over, caught between two groups of Jews, neither of which can ever be 'His people' His attitude to the wosed is thus infected by his animalous position.

(Kafka: Gunther Anders)

'एक दौड़ती लहर का गति-चित्र'

(कहानियाँ)

'अज्ञेय' की कहानियाँ उनके उपन्यासों से अधिक सफल हैं। वे उपन्यासकार की अपेक्षा ज्यादा बड़े कहानीकार हैं। इसका एक कारण यह भी है कि कहानियों में उन्हें अपने तथाकथित 'जीवन-दर्शन' को आरोपित करने का अवकाश कम मिला है। (हम पहले ही देख चुके हैं कि किस तरह उनके सैद्धान्तिक पूर्वाग्रह उनकी उपन्यास कला को विकृत करने में सहायक रहे हैं)। बल्कि कहानियों में 'जीवन-दर्शन' न व्यक्त कर पाने की पीड़ा उन्होंने 'जयदोल' की भूमिका में व्यक्त भी की है... उपन्यास के बारे में तो फिर भी कुछ कहने की गुंजाइश रहती है क्योंकि उसमें जीवन का एक दर्शन होता है। कहानियों के सत्य में उतनी व्याप्ति नहीं होती; वह एक क्षण का, एक मनःस्थिति का सत्य है—एक दौड़ती लहर का गति-चित्र।

अज्ञेय की कहानियों का अध्ययन करने के लिए उनका यह संक्षिप्त वक्तव्य बहुत महत्त्वपूर्ण है। वस्तुतः उपन्यासों में भी वे 'एक क्षण' 'एक मनःस्थिति' और 'एक दौड़ती लहर' का गति-चित्र ही देते रहे हैं—यह उनकी कला की सीमा और विवशता रही है। केवल उनपर (उपन्यासों पर) जीवन-दर्शन के आरोपण के द्वारा उन्हें एक सूत्र में पिरोने की चेष्टा करते रहे हैं। अतः पृथक्-पृथक् खंड-चित्रों में विभाजित उनके उपन्यास पृथक्-पृथक् कहानियों के संकलन हैं—एक जीवन-दर्शन से जुड़े हुए। कहानियों में यह 'जीवन-दर्शन' अपेक्षाकृत ओट में हो जाता है—केवल कहानियाँ बच जाती हैं सफल और सार्थक! गद्य-विधा में अज्ञेय का प्रकृत-रूप कहानीकार का ही है!

लेकिन अज्ञेय की प्रारम्भिक कहानियाँ किसी भावुक कवि के अवकाश क्षणों की कृतियाँ थीं—'परम्परा' और 'कोठरी की बात' की अधिकांश कहानियाँ ऐसी ही हैं! व्यक्तित्व-विकास के साथ-साथ क्रमशः उनकी कहानियों की रेखाएँ कठोर होती गयी हैं। 'जयदोल' में उनका चरम-विकास परिलक्षित होता है। 'जयदोल' उनका

सर्वोत्तम संग्रह है! और उसमें कम से कम हिन्दी की तीन अत्यन्त उत्कृष्ट कहानियाँ संगृहीत हैं।

'अज्ञेय' की 'कहानी-कला' पर बहुत कम विचार हो सका है। जैनेन्द्र और यशपाल की कहानी रचनाओं के बीच 'अज्ञेय' की कला खो-सी गयी है। इसका एक ऐतिहासिक कारण रहा हैः जैनेन्द्र की कहानियाँ अपनी जिन गुणों के कारण विख्यात हुईं ठीक उन्हीं गुणों के कारण 'अज्ञेय' की कहानियाँ प्रसिद्ध (Popular) नहीं हो सकीं—साहित्य में प्रगतिवादी आन्दोलन ने उनकी कहानियों को एक सीमित क्षेत्र और वर्ग के लिए ही सुरक्षित कर दिया था। लेकिन आधुनिक कहानियों के गठन में (जो प्रेमचन्द, जैनेन्द्र तथा प्रगतिवादी आन्दोलन—सबकी समान रूप से ऋणी हैं) 'अज्ञेय' की देन के 'अंखुए' स्पष्ट दीखने लगे हैं और उनपर विचार करना अनिवार्य हो गया है।

हिन्दी उपन्यास को जिस प्रकार 'मनोरंजन' के तथाकथित स्तर से ऊपर उठाने का प्रयास 'अज्ञेय' ने किया था उसी प्रकार 'कहानी' को भी उन्होंने ऊपर उठायाः उसके सन्दर्भ को अधिक 'व्यापक' और संकुचित' करके! इन परस्पर विरोधी शब्दों को समझने के लिए पहले दोनों के तात्पर्य को अलग-अलग समझना होगा— किस प्रकार दोनों पृथक् होकर एक विशेष बिन्दु पर एक हैं (प्रत्येक साहित्यकार जहाँ एक ओर 'संदर्भ' विशेष को 'व्यापक' करता है वहीं एक बिन्दु पर उसे संकुचित भी करता है): 'साहित्य' के 'सन्दर्भ' को 'अज्ञेय' ने उसे मात्र साहित्य के घेरे से बाहर निकालकर व्यापक किया। 'त्रिशंकु' के प्रथम निबन्ध 'संस्कृति और परिस्थिति' में वे लिखते हैं...''साहित्य के प्रश्न को साहित्य के या साहित्यलोचन के संकुचित घेरे से बाहर निकालकर मैं उसे एक सांस्कृतिक विभूति के रूप में दिखाना चाहता हूँ....।'' यह 'सांस्कृतिक-विभूति' ही 'अज्ञेय' की कहानियों को 'तात्कालिकता' की क्षुद्र सीमाओं से बाहर निकालती है और उसी रूप में 'मनोरंजन' के संकुचित घेरे में भी! इसी से जुड़े हुए होने के कारण उनकी कहानियों का धरातल 'सामाजिक' कम है और सांस्कृतिक ज्यादा है! 'सामाजिकता' की स्थूलता और 'संकीर्णता' से ऊपर उठकर कहानियाँ जहाँ 'सांस्कृतिक' बनती हैं वहीं पुनः 'अमूर्तता' की ओर भी उन्मुख होती हैं और वे कभी 'पैरेबल्स' तथा कभी 'फैटेंसी' का रूप धारण कर लेती हैं ('परम्परा' की कहानियों में 'पैरेबल्स' का रूप अधिक है और 'जयदोल' में 'फैंटेसी' का)।

सन्दर्भ की इस 'अमूर्त व्यापकता' को 'मूर्त' और 'तीव्र' करने के लिए 'अज्ञेय' को उसे 'संकुचित' भी करना पड़ा है। उपन्यासों की भाँति उनकी 'कहानियों' का नायक एक ही हैः एक आधुनिक मध्यम वर्ग का युवक—उद्धत,

विद्रोही, भावुक और अन्तर्मुख– जो अपने भीतर और बाहर के 'परिवेश' को एक 'जिज्ञासा' और 'खोज की नजरों' से देखता है! अतः 'अज्ञेय' की अधिकांश प्रारम्भिक कहानियाँ (खास तौर पर 'कड़ियाँ' की) 'शेखर' के टुकड़े जान पड़ती हैं और वे कहानियाँ जो 'अन्य पुरुष' ('वह') में लिखी गयी हैं–विकास क्रम में 'प्रथम पुरुष' (मैं) की ध्वनि से ही युक्त हो जाती हैं! वे 'कहानी' के 'परम्परागत रूप से' इतनी 'अलग' हैं कि अक्सर वैयक्तिक-निबन्धों की शैली के निकट आ जाती हैं!

'अज्ञेय' की प्रारम्भिक कहानियों के 'शिल्प' और 'संवेदना' को उनकी 'कड़ियाँ' कहानी बड़ी स्पष्टता से व्यक्त करती है। 'कड़ियाँ' में 'फ्लैश-बैक' के आधार पर बहुत से 'अनुभव-चित्रों' को एक कड़ी में गूँथने का प्रयास किया गया है और उनसे लेखक कुछ निष्कर्ष निकालता है ''कहानी जीवन की प्रतिछाया है और जीवन स्वयं एक अधूरी कहानी है, अधूरी कहानियों का संग्रह है, एक शिक्षा है, जो आयु-भर मिलती रहती है और समाप्त नहीं होती। हमारी कहानी का भी सच्चा अन्त तो यही है.... ।''

'जीवन' और 'कहानी' शिक्षा है! 'कहानी' के प्रति 'शिक्षा' का यह 'दृष्टिकोण' अज्ञेय की प्रारम्भिक कहानियों का 'चरित्र' निर्धारित करता है! इसी कारण 'कड़ियाँ' का नायक 'सत्य' है–एक स्थूल प्रतीक-शब्द! जो 'जीवन' से शिक्षा ग्रहण करने के क्रम में टूट जाता है और उसके साथ ही 'कड़ियाँ' टूट जाती हैं–और जीवन की भाँति ही कहानी का अधूरा अन्त होता है। 'पूरी' कहानी पर स्थूल-शिक्षा और उपदेश का वातावरण छाया रहता है–बीच-बीच में 'सूत्रों' और 'निष्कर्षों' में लेखक 'शिक्षा' देता और ग्रहण करता चलता है–उसके साथ ही रोमैंटिक उच्छ्वासों से उसका वातावरण रचा हुआ है ''हाय, गरीबी, देखो, ये लोग कैसे डिब्बों में भरे अचार के तरह मिंच रहे हैं....और आसपास ही इनके पशु खड़े हैं...लड़के-लड़कियाँ रो रही हैं–खाने को नहीं है...अब छूटकर इन्हीं पीड़ितों की सेवा करनी है। अबकी ऐसा यत्न करूँगा कि अपने राजनैतिक कार्य के साथ-साथ कुछ समाज-सेवा भी कर सकूँ! बाढ़ से इन लोगों को उबारने के लिए चन्दा इकट्ठा करना होगा... ।''

'अज्ञेय' की प्रारम्भिक कहानियों के नायक की 'तलाश' सामाजिक कार्यों के इसी स्तर तक सीमित रहती है। वह जिस 'सार्थकता' की तलाश करता है वह सामाजिक कर्त्तव्यों के प्रति प्रतिक्रिया करके तुष्ट हो लेती है। इस अर्थ में अज्ञेय की...ये कहानियाँ तत्कालीन अन्य कहानियों से पृथक् नहीं हैंः व्यक्ति का संक्षिप्त मानसिक द्वन्द्व, सामाजिक दायित्व के प्रति स्थूल-उत्साह, सामाजिक दैन्य और विषमता के प्रति उर्ध्वसित और विगलित करुणा भाव! ये कहानियाँ अज्ञेय को

जैनेन्द्र के 'अपना-अपना भाग्य' जैसी कहानियों से आगे नहीं ले जातीं!

इसी प्रकार 'परम्परा' संग्रह की 'सेव और देव' शीर्षक कहानी भाषा और वर्णन परम्परा के रूढ़ रूपों से आक्रान्त है! अज्ञेय की वर्णन-प्रणाली को अभी कोई मौलिक आकार ग्रहण करना शेष था! 'सेव और देव' का प्रस्तुत प्रकृति-वर्णन 'अज्ञेय' की भाषा को प्रेमचन्द से भी बहुत पीछे खींच ले जाने वाला है:

'ऐसा जान पड़ता था कि अन्धकार की कजरारी रेखाओं से चाँदी का प्रवाह फूट पड़ा है या कि प्रकृति नायिका की कजरारी आँख से स्नेह के गद्गद आँसुओं की कड़ी लगी हो...'

कहानी-कला के विकास की परम्परा में अज्ञेय की कला को प्रसाद की कहानी कला से जोड़ा जा सकता है—दोनों में 'रूमानियत' ही प्रधान है और परिचित-परिवेश से बाहर जाकर अपरिचित अछूते स्थलों की तलाश है। प्रसाद अपरिचित स्थलों की तलाश में इतिहास की ओर जाते हैं अथवा फैंटेसी गढ़ते हैं (इन्द्रजाल, सुनहरा साँप, स्वर्ग के खँडहर आदि) और अज्ञेय यात्रा-वृत्तान्तों अथवा अनुभूति-खंडों से कहानियाँ प्राप्त करने का प्रयास करते हैं! इस दृष्टि से दोनों की कहानियाँ क्षेत्रों से बाहर की कहानियाँ हैं—एक अर्थ में 'रोमैंटिक ऐडवेंचर' हैं!

'रोमांस' अज्ञेय की प्रारम्भिक कहानियों का प्रधान विषय है! 'परम्परा' संग्रह की अधिकांश कहानियों में यह 'रोमांस' और 'ऐडवेंचर' ही केन्द्र है! यहाँ तक कि जब लेखक 'नयी कहानी का प्लॉट' ढूँढ़ने चलता है तो सबसे पहले मस्तिष्क में यही आता है 'रोमांस, रोमैंटिक कहानी हो। रोमैंटिक यानी प्रेम... ।' 'सिगनेलर' भी इसी रोमांस-विश्लेषण से शुरू होती है "जीवन में जब इतना अनिश्चय है तो रोमांस के बिना रहा कैसे जाय—यह मुझे तो समझ में ही नहीं आता!" जीवन में 'अनिश्चय' है इसलिए लेखक 'जीवन' से बाहर जाकर 'प्रकृति' और 'यात्रा' के अनुभवों में रोमांस ढूँढ़ने का प्रयास करता है! रोमांस पाने के लिए 'प्रकृति' और 'यात्राएँ' सर्वोत्तम माध्यम हैं भी!

परन्तु 'परम्परा' शीर्षक अत्यन्त सार्थक और प्रतीकात्मक है: उसकी सभी कहानियों में 'वस्तु' और 'रूप' दोनों के परम्परागत स्तर से बाहर जाकर नवीन वस्तु और रूप प्राप्त करने की प्यास है! परम्परा की कहानियाँ एक सही 'फार्म' के तलाश की कहानियाँ हैं—परम्परायुक्त होने का प्रयास इन कहानियों को ऐतिहासिक महत्त्व प्रदान करता है! इस संग्रह में अज्ञेय ने 'फार्म' और 'वस्तु' सम्बन्धी अनेक प्रयोग किये हैं—उस प्रयास में कई कहानियाँ मात्र वक्तव्य, रेखाचित्र या कविताएँ बनकर रह गयी हैं—लेकिन 'फार्म' की यह तलाश अज्ञेय के विकास-क्रम में महत्त्वपूर्ण स्थान रखती है!

ये कहानियाँ—'हिन्दी कहानी' के उस युग की ओर संकेत करती हैं जब एक बार पहले भी (आज की तरह) वह (अज्ञेय के माध्यम से) कहानी के रूढ़ रूप को तोड़कर, तथाकथित घटनाओं की तर्कसंगत परम्परा से बाहर जाकर एक प्रकार के 'एन्टी स्टोरी' की स्थापना का प्रयास कर रही थी—इसीलिए ऊपर कहा गया कि हिन्दी कहानी के विकास में 'परम्परा' एक विशेष मोड़ का परिचायक है—अपनी आन्तरिक अपरिपक्वता के बावजूद! 'मंसो' इस संग्रह की एक सशक्त प्रेम रचना है जो इस प्रवृत्ति को स्पष्ट करती है 'घटना' और 'तर्क' दोनों अधूरे हैं—'वस्तु' का 'सत्य' इनसे परे होता है...''पर यह छोटी-सी घटना अभी तक तर्क के फन्दे में नहीं फँसती—क्या इसलिए कि वह घटना होने का गौरव पा ही नहीं सकी, एक शक्ति का बीज-मात्र रह गयी जो अंकुरित नहीं हुआ और जो इसीलिए तर्क सिद्ध नहीं होता।''

कहानी के परम्परागत रूढ़ रूप से यही विद्रोह अज्ञेय की कहानियों को गढ़ता है! परन्तु फार्म की यह 'तलाश' उपन्यासों की भाँति ही 'अज्ञेय' को 'परम्परा' से हटाकर 'वस्तु-सत्य' की बजाय 'काव्य-सत्य' अथवा 'प्रतीक-सत्य' तक पहुँचा देती हैं! 'कलाकार की मुक्ति' शीर्षक कहानी में वे कहते हैं...''कहानियाँ आखिर बनती कैसे हैं...और यह प्रश्न मुझे हमेशा पुरानी या पौराणिक गाथाओं की ओर ले जाता है! कहते हैं पुराण-गाथाएँ सब सर्वदा सच होती हैं क्योंकि उनका सत्य 'काव्य-सत्य' होता है—'वस्तु-सत्य' नहीं! उस प्रतीक-सत्य को युग के परिवर्तन नहीं छू सकते!'' अपनी कहानियों को 'शाश्वत' बनाने के लिए 'अज्ञेय' 'वस्तु-सत्य' की उपेक्षा करके कहानियों में काव्य-सत्य की प्रतिष्ठा करते हैं! तब घटनाओं के प्रति उनकी विरक्ति सहज ही समझ में आ जाती है! अज्ञेय की कई कहानियाँ इसलिए फैंटेसी का रूप धारण कर लेती हैं! जहाँ इस 'प्रतीक सत्य' का ठीक-ठीक निर्वाह हो सका है वहाँ 'अज्ञेय' ने या तो अत्यन्त सफल 'फैंटेसीज' लिखी हैं या 'घटना' की पृष्ठभूमि में निहित 'सन्दर्भ' को ध्यान में रखकर सफल सामाजिक कहानियों की रचना की है।

'परम्परा' की अधिकांश कहानियाँ पूर्ववर्ती पीढ़ी के पाठक को एक आघात देती हैं नवीनता का। उसकी कहानियों में एक ओर तो यह 'आघात' है और दूसरी ओर इस आघात की व्याख्या करने वाले वक्तव्य हैं प्रायः प्रत्येक कहानी से सम्बद्ध। कहानी से पृथक् कहानी का वक्तव्य और दूसरी व्याख्या कहानी की कलात्मकता को नष्ट करती है। बहुत पहले ही बताया जा चुका है कि यह प्रवृत्ति अज्ञेय में प्रारम्भ से अन्त तक बनी रहती है—सूत्रों, निष्कर्षों और वक्तव्यों के कारण अज्ञेय की कहानी—कला हितोपदेशों की शैली के समानान्तर पहुँच जाती है। प्रतीक सत्य की तलाश में अज्ञेय पुराणों के सत्य तक ही नहीं उनकी शैली तक भी पहुँच जाते हैं!

पहले अज्ञेय की जिस अपरिचय और अपर्याप्त भाषा का उदाहरण दिया गया है वह परम्परा में क्रमशः एक निश्चित आकार लेने लगी है और जो अज्ञेय की सही भाषा है! 'मंसो' की भाषा में इसके स्पष्ट संकेत मिलते हैं।

"इस आवाज में रस से बढ़कर कुछ एक अजीब कम्पन सा था जो वयःसन्धि की भर्राई हुई ध्वनि के सम्मिश्रण से और अधिक आकर्षक हो गया था।" भाषा के इस 'सटीक बिन्दु' की तलाश इसे रोमानी लेखकों की भाषा से अलग कर देती है। निश्चित रूप से यह लेखक के वैज्ञानिक संस्कारों की उपलब्धि है।

अज्ञेय के इन प्रारम्भिक संग्रहों में प्रायः दो तरह की भाषा मिलती है—ऊपर जिस भाषा का उदाहरण दिया गया वह सही अर्थों में अज्ञेय की भाषा है उनकी उपार्जित! लेकिन तथाकथित सामाजिक कहानियों में उनकी भाषा बोलचाल की भाषा प्रचलित मुहावरों से युक्त बन गयी है! लेकिन यही भाषा उदाहरण प्रस्तुत करती है कि किस प्रकार बोलचाल की सहज-स्वाभाविक भाषा भी कृत्रिम और भिन्न संस्कार वाले व्यक्ति के कंठ से होकर कृत्रिम और प्रभावहीन हो जाती हैः सेव और देव, देवीसिंह, नारंगियों, हजामत का साबुन, लेटर बक्स, मुस्लिम-मुस्लिम भाई-भाई आदि सामाजिक वस्तु पर आधारित कहानियाँ ऐसी ही हैं! इनकी भाषा अज्ञेय की प्रकृत भाषा नहीं है क्योंकि यह अज्ञेय का प्रकृत पथ नहीं है। इसी कारण अज्ञेय ने सामाजिक विषय-वस्तु पर आधारित असफल कहानियाँ लिखी हैं! 'ये तेरे प्रतिरूप' की कहानियाँ, 'प्रतिरूप' नहीं बन पाई हैं। वे 'छूते-छूते गुजर जाने वाली अनुभूतियों' पर आधारित हैं और प्रायः सामान्य 'स्केच' के रूप में ही रह जाती हैं। किसी गम्भीर आवेग का उनमें अभाव है जो अज्ञेय की विशेषता है!

घटना के सत्य से पृथक् जाकर और अतर्कित अनुभूतियों पर आधारित रोमैंटिक रहस्यभावना से युक्त कहानियों से छँटकर अज्ञेय सामाजिक क्षेत्र में भावुकतापूर्ण मानवतावाद से पूर्ण कहानियाँ लिखते हैं! ऊपर गिनाई गयी कहानियाँ ऐसी ही हैं! 'शरणार्थी' जैसी कहानियाँ अपवाद अवश्य प्रस्तुत करती हैं और उसे घटनात्मक सामाजिकता से ऊपर उठाकर सन्दर्भ की सांस्कृतिकता प्रदान करती हैं लेकिन उसका भी सूत्रात्मक और निष्कर्षात्मक अन्त दुर्बल शिल्प का ही उदाहरण है।

इस प्रकार 'अज्ञेय' की कहानियाँ प्रायः दो दिशाओं में समानान्तर चलती हैं: एक तथाकथित प्रतीक सत्य अथवा 'काव्य-सत्य' पर आधारित फैंटेसीज! और दूसरी 'वस्तु सत्य' अथवा 'सामाजिक वस्तु' पर आधारित कहानियाँ! उनकी इन दोनों प्रवृत्तियों का चरमरूप 'जयदोल' में प्राप्त होता है। एक की प्रतिनिधि कहानी 'पठार का धीरज' है और दूसरी की 'रोज', और 'हीलीवोन की बत्तखें'! 'जयदोल'

'अज्ञेय' का सर्वोत्तम संग्रह है जिसमें उनकी कहानी कला पूर्ण परिपक्व हो गयी है!

'प्रतीक सत्य' की तलाश 'पठार का धीरज' में भी है 'यथार्थ' के अनेक स्तरों के उद्‌घाटन रूप में! 'पठार का धीरज' एक प्रेम सम्बन्धी 'फैंटेसी' है! वस्तुतः फैंटेसी किस प्रकार यथार्थ के स्तरों का उद्‌घाटन करने में समर्थ होती है—कहानी इसका सशक्त उदाहरण पेश करती है। अज्ञेय ने इस कहानी में स्वभावतः पहली बार अनुभव किया है कि 'फैंटेसी' का सम्बन्ध केवल 'काव्य' सत्य या भाव सत्य से ही नहीं होता बल्कि वस्तु-सत्य से भी होता है और प्रतीक सत्य एक स्तर पर वस्तु-सत्य से भिन्न नहीं होता—वह भी यथार्थ सही एक स्तर है! 'पठार का धीरज' दुहरे कथानक में बुनी गयी अत्यन्त प्रभावशाली शिल्प की रचना हैः कथानक का एक सिरा यथार्थ के सतह पर चलता है और दूसरा काल्पनिक अतीत के 'फैंटेसटिक' धरातल पर। परन्तु दोनों के बीच से 'प्रेम सम्बन्ध' का जो सत्य उभरता है वह प्रतीक-सत्य होकर भी 'वस्तु-सत्य' है 'यथार्थ' का ही एक अंग है।

'पठार का धीरज' कई दृष्टियों से अज्ञेय की प्रतिनिधि कहानी है क्योंकि यह उनकी कहानी-कला के केन्द्र तक हमें आसानी से पहुँचा देती हैः कहानी में 'प्रतीक-सत्य' का उद्‌घाटन करने के प्रयास में अज्ञेय पाते हैं कि वह भी वस्तु-सत्य या यथार्थ से भिन्न नहीं है—भेद केवल स्तर का हैः सामान्य जीवन यथार्थ के सतह पर चलता है लेकिन क्या हमेशा ही हमारा जीवन एकाधिक स्तर पर नहीं चलता, हमारा अधिक तीव्रता के साथ जीवन का एक ही स्तर पर अधिक गति या विस्तार की अपेक्षा अधिक या नये स्तरों का हठात् जागा हुआ बोध ही नहीं है। तीव्र जीवन के क्षण, नयी दृष्टि, नये बोध के क्षण, अनेक स्तरों पर जीवन स्पन्दन की द्रुत अनुभूति—ये विरल ही होते हैं जैसे कि 'तीसरा नेत्र कभी-कभी ही खुलता है।' अज्ञेय की कहानियों की आत्मा यही 'तीसरा नेत्र' है; तीव्र जीवन-क्षण, नये बोध के क्षण, द्रुत और विरल अनुभूति! यही वह 'दृष्टि-बिन्दु' है जिसकी तलाश अज्ञेय कहानियों के माध्यम से करते हैं। उनके लिए कहानी घटना नहीं है, वह जीवन की अनुभूति हैः यथार्थ के विविध स्तरों की अनुभूति कहानी और जीवन को एकाकार कर देती है। इस भाँति अज्ञेय के यहाँ 'कहानी' कहानी न रहकर 'आत्मान्वेषण' का माध्यम है। आधुनिक कहानियों की नींव ऐसी ही स्पन्दनशील अनुभूति प्रवण-आत्मान्वेषी कहानियों से पड़ती है!

'अज्ञेय' जहाँ 'अनुभूति' और 'यथार्थ' के विविध स्तरों का अन्वेषण मानवीय सम्बन्धों के धरातल पर करते हैं वहाँ उनकी कई श्रेष्ठ कहानियाँ लिखी गयी हैं। बाह्य यथार्थ की भाँति मानवीय-सम्बन्धों के भी अनेक स्तर हैं। किसी ने (सम्भवतः निर्मल वर्मा ने) लिखा है कि रचनाकार अछूते, अनबोले, अँधेरे में डूबे हुए पर्दों की

तरह जीवन में भी अछूते, अनबोले स्तरों की तलाश करता है जो चेतना के आलोक-वृत्त से अलग अँधेरे में डूबे रहते हैंः अज्ञेय मानवीय सम्बन्धों के उन्हीं अँधेरों में डूबे हुए पर्दों से स्वर देते हैं। संग्रह की एक दूसरी कहानी 'वे दूसरे' सम्बन्धों के इसी 'रहस्य' पर आधारित हैः दो व्यक्तियों के बीच तीसरे की उपस्थिति का तनाव मानवीय सम्बन्धों का सबसे बड़ा अभिशाप है—दो के बीच तीसरे की छाया जो प्रेम की प्राचीन निविड़ता को झुठलाती है। 'वे' दूसरे का तीसरा व्यक्ति पत्नी का पूर्व प्रेमी है! लेकिन यह 'तीसरा व्यक्ति' उनसे बाहर नहीं भी हो सकता है—वह उनके भीतर ही हो सकता है! 'वे दोनों' के 'सुधा' और 'हेमन्त' 'नदी के द्वीप' के भुवन और रेखा से अधिक यथार्थ और मानवीय प्रतीत होते हैं—क्योंकि उनकी सफरिंग 'भुवन' और 'रेखा' की तरह काल्पनिक नहीं है! यहीं जैनेन्द्र के उपन्यासों से भी इन कहानियों का अन्तर समझा जा सकता हैः जैनेन्द्र के अनेक उपन्यासों में भी अकसर एक तीसरा व्यक्ति रहता है—पति-पत्नी के बीच पत्नी का पूर्व प्रेमी! लेकिन उसकी उपस्थिति के तनाव को वे सफर नहीं करते—वे उन स्थितियों को भोगते नहीं। जबकि 'वे दोनों' में सम्बन्धों के इस 'तनाव' को जिस स्पन्दनशील संवेदना और 'पैथोस' के साथ उभारा गया है वह पुनः नयी और आधुनिक कहानियों में ही मिल सकता है।

'वे' दूसरे के हेमन्त और सुधा (पति-पत्नी) पहाड़ी की चोटी पर खड़े हैं! सामने झील है, पहाड़ियाँ हैं, डूबती शाम का सतरंगा आलोक है, शरद मेघ हैं "लेकिन हेमन्त इस दृश्य में नहीं है। वह सुधा के साथ भी नहीं है! वह कहीं और हो ऐसा नहीं है, वह सुधा और हेमन्त को इस परिपार्श्व में जैसे बाहर से देख रहा है...." अपने सम्बन्धों-अनुभवों से सहसा टूटकर उन्हें बाहर से देखते ही यह 'अनुभूति' अत्यन्त आधुनिक है! इस तरह कहानी का यह बोध कि सम्बन्ध जोड़ते ही नहीं—अकेला और नंगा भी कर देते हैं, सम्बन्धों के प्रति वह तटस्थ विश्लेषण-भाव आधुनिक कहानियों की भावभूमि का निर्माण करता है। प्रगाढ़तर आलिंगन में भी हेमन्त देखता है "सुधा की आँखों में यह दूसरा है और स्वयं उसकी अपनी आँखों में भी एक परछाईं है!" 'पठार के धीरज' में यह परछाईं गायब हो गयी है—एक सैद्धान्तिक भावबोध के आधार पर सम्बन्धों की इस परछाई का परिहार कर दिया गया है, लेकिन सम्बन्ध और उसकी अनुभूति में यह परछाईं हमेशा विद्यमान है! यही सबसे बड़ा अभिशाप है और मानवीय सम्बन्धों की सबसे बड़ी ट्रेजेडी है! अज्ञेय ने अपनी अनेक कहानियों में बड़ी मार्मिकता और सूक्ष्मता से 'ट्रेजिक सेंस ऑफ लाइफ' का उद्‌घाटन किया है!

'रोज' अथवा 'गेंग्रीन' शीर्षक कहानी इसके 'ट्रेजिक सेंस' को एक दूसरे पहलू

से देखने का प्रयास करती है! यह अज्ञेय की सर्वाधिक चर्चित कहानी है क्योंकि इसमें 'सम्बन्धों' की वास्तविकता को एकान्त वैयक्तिक अनुभूतियों से अलग ले जाकर सामाजिक सन्दर्भ में देखा गया हैः मध्यमवर्ग की पारिवारिक एकरसता को जितनी मार्मिकता से कहानी व्यक्त कर सकी है वह उस युग की कहानियों में 'विरल' है। कहानी की सफलता उसके आन्तरिक 'बोध' और उपचार (Treatment) के अविच्छिन्न सम्बन्ध में है! कहानी का पूरा परिवेश और उस परिवेश को व्यक्त करनेवाले उपकरण सभी मध्यमवर्ग परिवार की एकरसता और बोरडम (Boredom) को बड़ी जटिल सूक्ष्मता से व्यक्त करते हैं। एकान्त पहाड़ी वातावरण, सूना बँगला, नल के पानी की निरन्तर टिप-टिप, बीमार बच्चे की रिरियाहट, और उस 'युवती माँ' की गजर के हर चोट के साथ थकी आवाजः 'तीन बज गये' या इस असह्य एकरसता को स्वीकार कर लेने की विवशता "रोज ऐसा ही होता है।" यह सब कहानी के 'पैथोस' को गहरा कर देते हैं। उसके अतिरिक्त जिन छोटे-बड़े प्रतीकों और संकेतों से कहानी लिखी गयी है—वे उसे हिन्दी कहानी में विराम चिह्न के रूप में प्रतिष्ठित करते हैं! 'एकरसता' और उसके भीतर पीड़ा की निरन्तर जलने वाली मीठी आँच को व्यक्त करने के लिए उससे सशक्त माध्यम और क्या हो सकता है!

विवेक की व्याख्या

(विचार साहित्य)

अज्ञेय के उपन्यासों और कहानियों में विचार-सूत्र बराबर मिलते रहे हैं (यह पहले ही लक्षित किया गया है), पर सृजनात्मक साहित्य से पृथक् भी उन्होंने विभिन्न रूपों में अपने विचार व्यक्त किये हैं। यद्यपि वे विश्वास नहीं करते कि कृतिकार को अपनी कृति से पृथक् भी व्यक्तव्य देने की आवश्यकता है*, लेकिन उनके अधिकांश विचार उनकी कृतियों की व्याख्या या विश्लेषण के लिए ही व्यक्त हुए हैं। कृतियों के 'औचित्य' पर वक्तव्य देने की एक परम्परा ही अज्ञेय से शुरू होती है। सम्भवतः इसका कारण यह भी रहा हो कि व्यक्तिगत जीवन में 'अज्ञेय' बोलने, वक्तव्य देने, विवाद करने में कम विश्वास करते हैं** और उसकी क्षतिपूर्ति उनके आत्मपरक लिखित वक्तव्यों तथा विचारों में होती है। उत्तरोत्तर यह प्रवृत्ति अज्ञेय में बढ़ती गयी है। यह उनकी विवशता भी रही होगी कि कविता, कहानी, उपन्यास तथा उनकी रचना प्रक्रिया के सम्बन्ध में उनके वक्तव्यों की माँग भी क्रमशः बढ़ती गयी होगी। उनके प्रारम्भिक निबन्धों में यह आत्मसापेक्षता अपेक्षाकृत कम है। 'त्रिशंकु' के, जो उनका पहला निबन्ध संग्रह है, अधिकांश निबन्ध वस्तुस्थिति का विश्लेषण करने वाले ही हैं। कला, साहित्य और संस्कृति

---

* 'कविता ही कवि का परम वक्तव्य है।' 'कृतिकार को जो कहना है जब उसने कृति में कहा ही है और मानना चाहिए कि यथाशक्ति सुन्दर रूप में ही कहा होगा तब क्यों वह उसे कम सुन्दर ढंग से कहना चाहेगा?'

** 'मैं चुप्पा प्रसिद्ध हूँ—बोलने का अभ्यास इतना कम था कि लगातार थोड़ी देर बोलता रहूँ तो मुँह दुखने लगता था। जो विरोधी पूर्वग्रह लिए हुए हैं उन्हें सफाई देने की आवश्यकता मैं नहीं समझता और भरसक उनके विरोध से न उलझने का मैंने प्रयत्न किया है।'

सम्बन्धी अपनी मौलिक मान्यताएँ अज्ञेय ने उनमें व्यक्त की हैं।

'त्रिशंकु' जैसा कि नाम से भी स्पष्ट है, के निबन्धों का विषय 'संक्रान्तिकालीन साहित्य' है। प्रायः सभी निबन्धों में अज्ञेय ने इस ओर संकेत किया है। हम एक युग को पीछे छोड़कर नये युग में प्रवेश कर रहे हैं, अतः नये युग के साथ नयी समस्याओं ने भी जन्म लिया है। सभ्यता, संस्कृति तथा साहित्य, प्रत्येक धरातल पर तेजी से परिवर्तित हो रहा है।

"हमारा युग संक्रान्ति का युग है। सब ओर परिवर्तन एक नियति-सा हमें खींचे जा रहा है—समाज के संगठन में, राज्य व्यवस्था में, कीर्ति और आचार में—साहित्य की ओर आयें तो पाप और पुण्य, ऊँच और नीच की व्याख्या में, वस्तु और शैली में, तुक और छन्द में—घोर परिवर्तन हो रहा है। अतएव जीवन का दबाव व्यक्ति के मन पर बहुत बढ़ गया है। भौतिक जीवन पर यान्त्रिक संगठन का और आन्तरिक पर इस तीव्र परिवर्तन, इस दुहरे दबाव के नीचे आज के व्यक्ति की स्थिति शान्तिजनक नहीं है। भारतीय साहित्यिक पाता है कि उसके आस-पास सब कुछ बदल रहा है, जो मान्यताएँ ध्रुव-सी अटल मानी जा रही थीं वे सब सहसा सन्दिग्ध हो उठी हैं। इस डगमग स्थिति आमूल परिवर्तन की लहर से सहसा हतबुद्धि होकर वह किसी आश्रय की किसी आड़ की 'घर' की खोज में विह्वल हो उठा है।" (परिस्थिति और साहित्यकार; त्रिशंकु)

अज्ञेय जिस प्रकार संक्रान्तिकालीन कथाकार हैं, उसी प्रकार संक्रान्तिकालीन विचारक भी हैं। परिवर्तन की इस 'तीव्रगति' में 'शान्ति' और 'सन्तुलन' की तलाश उनके विचारों का केन्द्र है। और चूँकि वे 'साहित्य' के प्रश्न को साहित्य के संकुचित घेरे से बाहर निकालकर सांस्कृतिक 'विभूति' के रूप में दिखाना चाहते हैं, अतएव उनके लिए आवश्यक था कि 'साहित्य' के साथ-साथ संक्रान्तिकालीन समाज का भी विश्लेषण करें। 'त्रिशंकु' में इन्हीं साहित्येतर प्रश्नों पर साहित्य के सन्दर्भ में विचार किया गया है। इस संग्रह में उनके प्रारम्भिक विचारों की अनगढ़ता और कचास भी है। किन्तु इन निबन्धों में जो सहज स्फूर्ति और जीवन का स्पन्दन है, दुःखवाद, तथा निराशावाद का जो विरोध है वह आश्चर्य है, कि स्वयं अज्ञेय के रचनात्मक-साहित्य मुख्यतः कथा साहित्य, में दुर्लभ है। 'हिन्दी के चार नाटकों की समीक्षा' शीर्षक एक निबन्ध में अज्ञेय ने उन चार नाटकों की एक सामान्य दुर्बलता की ओर संकेत किया है। नाटकों में कम से कम एक-एक पात्र द्वारा प्रेम का जो आदर्श उपस्थित किया गया है, उसमें समानता है। ईसा की शान्ति एवं स्कन्दगुप्त की देवसेना, रेवा की राजकुमारी एक ही जैसे आत्मत्याग,

बल्कि 'आत्महनन' से, उनकी ट्रेजडी उत्पन्न हुई है। जब हम देखते हैं कि हिन्दी के प्रायः सभी नाटकों में कम-से-कम एक पात्र और प्रायः प्रधान पात्र ऐसा ही होता है, तब प्रश्न उठता है कि क्या सभी नाटककारों में एक ही प्रकार की कुंठा काम कर रही है? इस प्रश्न की छानबीन हमारे साहित्य के लिए बहुत उपयोगी हो सकती है। वस्तुतः इस प्रश्न की छानबीन हमारे साहित्य के लिए बहुत उपयोगी है। खास तौर पर इस सन्दर्भ में कि यह प्रश्न उठाने वाले और इस 'कुंठा' की ओर संकेत करनेवाले स्वयं अज्ञेय की नायिकाएँ 'शशि' (जो शेखर के व्यक्तित्व को धार देने में स्वयं टूट गयी) और 'रेखा' इसी 'कुंठा' का शिकार नहीं है? क्या उनका 'त्याग' आत्महनन नहीं है?

ऐसे विरोधाभासों के बावजूद अज्ञेय ने जिन समस्याओं को उठाया है वे युग की सही समस्याएँ हैं। उन्हें सही 'सन्दर्भ' से चुनने और सही सन्दर्भ देने में वे काफी दूर तक सफल हुए हैं। 'संस्कृति और परिस्थिति' तथा 'परिस्थिति और साहित्यकार' शीर्षक दो निबन्धों में उन्होंने यन्त्रयुग की समस्याओं से उत्पन्न 'संकट' पर विचार किया है। सम्भवतः पहली बार आधुनिक युग की समस्याओं को एक सांस्कृतिक संकट के रूप में देखने और विश्लेषण करने का आग्रह इन निबन्धों में दीखता है।

''प्रश्न आर्थिक से बढ़कर सांस्कृतिक है। मशीन से केवल रोजगार नहीं मारा जाता, मशीन से मानव का एक अंग मर जाता है। उसकी संस्कृति नष्ट होती है और उसका स्थान लेनेवाली कोई चीज नहीं मिलती। मशीन-युग के मानव का जीवन दो अवस्थाओं में बँट जाता है, एक जिसमें मेहनत है पर जीवन स्थगित है; दूसरा जिसमें जीवन को पाने की उलट-फाँस है।''

कला के व्यवसायीकरण की समस्या पर अज्ञेय ने काफी गहराई तक विचार किया है। 'त्रिशंकु' से तत्कालीन हिन्दी आलोचना को अँधेरे में तीर मारने के बजाय ठीक प्रश्नों तथा वास्तविक समस्याओं की ओर संकेत तो प्राप्त हो ही जाता है। तत्कालीन हिन्दी आलोचना साहित्य के 'अधःपतन तथा अवरोध' पर 'ग्लानि' तो प्रकट कर सकता था परन्तु उसके अन्तर्निहित व्यापक सन्दर्भ का विश्लेषण करने में असमर्थ था और शायद भौंडे उत्तरों की अपेक्षा महत्त्वपूर्ण प्रश्न उठाना ज्यादा बड़ी कला है। 'त्रिशंकु' की अधिकांश समस्याएँ आज भी ताजा हैं बल्कि ज्यादा मौजू हैं।

इन निबन्धों का एक उद्देश्य रुचि-परिष्कार भी है। उनके माध्यम से अज्ञेय हिन्दी पाठक की रुचियों का परिष्कार भी करना चाहते हैं। श्रेष्ठ साहित्य की

पहचान क्या हो? अस्वस्थ तत्व उससे अलग कैसे किये जाएँ? लेकिन मूलतः अज्ञेय उस 'संकट' के प्रति ही अत्यधिक सचेत हैं जो आधुनिक सभ्यता और जीवन में उत्पन्न हो गया है। लेखनधर्म इस परिस्थिति में जिन संकटों से गुजरने लगा है उनके खतरों की ओर इशारा करना भी अज्ञेय का उद्देश्य है। अतः 'त्रिशंकु' के निबन्ध पाठक से अधिक लेखक-पाठक के लिए हैं और 'प्रोजेक्शन' के रूप में व्यक्तिगत समस्याओं का समाधान ढूँढ़ने का प्रयास भी करते हैं।

इसके अतिरिक्त 'त्रिशंकु' में एक 'संघर्ष' का स्वरूप स्पष्ट है। यह संघर्ष दो प्रकार की विचारधाराओं से या दो प्रकार की परम्पराओं से है। एक ओर लेखक एक पूर्वनिर्धारित और किसी हद तक स्वीकृत विचारधारा से लड़ रहा है, जो समस्याओं के व्यक्तिगत छोर पर उसे अपर्याप्त जान पड़ती है। अतः वह जिस नैतिक और वैयक्तिक ईमानदारी को अपनाता है वह उसे पुनः उस छोर पर पहुँचा देती है जिसे वह पहले से ही छोड़ना चाहता है। वह घूमकर फिर परम्परावादी, नैतिकतावादी और किसी हद तक रूढ़िवादी व्यक्तित्व धारण कर लेने को बाध्य होता है। यह असंगति मूलतः 'मार्क्सवाद' और 'परम्परा' दोनों से एक साथ संघर्ष करने के कारण उत्पन्न हुई है, जो उसे व्यक्तिगत स्तर पर नितान्त असहाय कर देती है। अज्ञेय में यह संघर्ष क्रमशः बढ़ता गया है। 'आत्मनेपद' के निबन्धों में इसका अधिक जटिल और दुर्बल रूप सामने आता है। 'मार्क्सवादी विचारधारा' से यह संघर्ष अज्ञेय की कृतियों और विचारों दोनों को अजीब तौर पर बाध्य करके उन्हें 'सौन्दर्यवादी' बताता है। प्रतिक्रिया और प्रबलशत्रु की उपस्थिति की चेतना उन्हें सन्तुलित नहीं रहने देती। व्यक्तिगत ईमानदारी यहाँ अपर्याप्त सिद्ध होती है।

इस अवरोधक 'संघर्ष' का ही परिणाम है कि यद्यपि अज्ञेय की रचनाओं और विचारों दोनों से जाहिर होता है कि वे काफी दूर तक परम्परा तोड़ रहे हैं, नया गढ़ रहे हैं, किन्तु आगे चलकर उन्हीं विचारों से स्पष्ट हो जाता है कि उन्हें परम्परा द्वारा अनुमोदित होने का ध्यान अधिक रहता है। 'त्रिशंकु' और उसके बाद के कुछ निबन्धों में, मुख्यतः 'भूमिकाओं' में, वे अपने युग की सही भाषा सही 'फॉर्म' की तलाश करते हैं और अनेक रूढ़ियों से लड़ते हुए दिखाई पड़ते हैं। किन्तु यह रूढ़िभंजक रूप क्रमशः समाप्त हो जाता है और बाद के स्फुट विचारों में हम उन्हें नयी रूढ़ियों के कगार पर स्थित पाते हैं। जहाँ धारणायें बद्धमूल हो जाती हैं और प्रचलित प्रवृत्तियों के प्रति एक तिरस्कारपूर्ण विरक्ति आ जाती है। जिस प्रकार प्रत्येक छायावादी कवि का ध्यान छायावाद का सम्बन्ध वेदों और उपनिषदों से जोड़ने की ओर अधिक रहता था, उसी प्रकार अज्ञेय परम्परावादी होने में विशेष

गौरव का अनुभव करते हैं। इसके लिए उनके पास सर्वोत्तम साधन एलियट है। उसके सहारे वे परम्परा का विश्लेषण ही नहीं करते बल्कि अपनी प्रत्येक प्रवृत्ति को पहले परम्परा की कसौटी पर कस भी लेते हैं। परम्परा की उपयोगिता और अनुपयोगिता यह एक लम्बे बहस का विषय है, लेकिन इससे जाहिर हो जाता है, कि परम्परा से दूर जाने का आतंक रचनाओं में अजीब उलट-फेर कर देता है। अज्ञेय जिस 'नॉस्टेलजिया' की चर्चा हिन्दी साहित्य के सन्दर्भ में करते हैं। परम्परा की दुहाई देने की उनकी प्रवृत्ति स्वयं उनमें या उसी भावना की अवस्थिति सिद्ध करती है।

आधुनिक हिन्दी आलोचना में अज्ञेय को प्रायः मनोवैज्ञानिक समीक्षक के रूप में याद किया जाता है। इसका कारण सम्भवतः 'त्रिशंकु' के वे निबन्ध हैं जिनमें अज्ञेय ने कुंठा, अवदमन, अतृप्ति इत्यादि मनोवैज्ञानिक प्रवृत्तियों के आधार पर हिन्दी साहित्य की प्रवृत्तियों का अध्ययन किया है। 'कला का स्वभाव' शीर्षक निबन्ध को छोड़कर (इसमें बड़े स्कूली ढंग पर मनोवैज्ञानिक सिद्धान्तों को कला की उत्पत्ति के सम्बन्ध में घटित किया गया है) कई व्यावहारिक समीक्षात्मक निबन्धों में समीक्षा के बड़े अधिकृत विश्लेषणात्मक रूप का दर्शन होता है। 'परिस्थिति और साहित्यकार' तथा 'संक्रान्तिकाल की कुछ साहित्यिक समस्याएँ' शीर्षक निबन्ध संग्रह के सर्वोत्तम निबन्ध हैं।

'त्रिशंकु' के विचारों पर टी.एस. एलियट के विचारों का प्रभाव स्पष्ट है। 'परम्परा' और 'संस्कृति' जिनकी चर्चा संग्रह में बार-बार की गयी है, वे एलियट के प्रचलित (तब अप्रचलित) तत्सम्बन्धी विचारों को ही प्रतिबिम्बित करते हैं। उनमें एक निबन्ध 'रूढ़ि और मौलिकता' ईलियट के प्रसिद्ध लेख ('ट्रेडिशन एंड इंडिविजुअल टेलेंट') का भावानुवाद ही है।

इसी प्रकार 'त्रिशंकु' के कुछ निबन्ध गाँधीवादी आदर्शों से भी प्रभावित हैं, और उन्हें जिन भोले विश्वासों के आधार पर उपस्थित किया गया है वे आज सम्भवतः अज्ञेय को भी हास्यास्पद लगें। मसलन 'चेतना के संस्कार' शीर्षक निबन्ध में दावा किया गया है कि चेतना के संस्कार से चेतन और अवचेतन का भेद मिट सकेगा और उसके द्वारा "नयी अन्तर्दृष्टि पाकर हम सत्य के निकटतर जा सकेंगे; तल-चिंतन ही नहीं प्रत्यक्ष तत्वज्ञान भी प्राप्त कर सकेंगे—हम काम वासना के चंगुल से निकल सकेंगे। शायद वेदना की अनुभूति से भी ऊपर उठ सकेंगे और निःसन्देह मानवीय सम्बन्धों और व्यापारों के लिए कोई अहिंसामूलक

आधार ढूँढ़ निकालेंगे।'' जबकि सत्य यह भी है कि अवचेतना का उपयोग करके मनुष्य नर-राक्षस भी बन सकता है। अवचेतन तथा चेतन का संयोग विस्फोटक और विध्वंसक भी हो सकता है ऐसी विचारधारा का पर्यवसान किसी 'रहस्यवाद' में ही हो सकता है। इसलिए निबन्ध के अन्त में अज्ञेय ने स्वीकार भी किया है कि ''निःसन्देह ऐसी विचारधारा हमें एक प्रकार के नूतन रहस्यवाद की ओर ले जाती है; और अनेक प्रमुख आधुनिक वैज्ञानिकों के विचारों में रहस्यवाद का पुट है भी। हो सकता है कि अन्ततोगत्वा इस विकसित चेतना का विषय स्वयं मानव की आत्मा हो, कि वह चेतना अन्तर्मुखी होकर आत्मतत्त्व के चिन्तन अन्वेषण में लीन हो जाय।'' और, अज्ञेय अपने तथाकथित 'वैज्ञानिक उत्तरदायित्वपूर्ण ढंग' का निर्वाह करते हुए स्वयं को ऐसे ही रहस्यवादी आध्यात्मिक वैज्ञानिक चिंतकों में शामिल कर लेते हैं।

अंग्रेजी के एक समीक्षक जार्ज वाट्सन ने टी.एस. एलियट की समीक्षा के सम्बन्ध में विचार करते हुए लिखा है कि उसकी समीक्षा उसकी कृतियों के सामने एक 'धुएँ की दीवार' (Smoke screen) खड़ी कर देती है जिससे उसकी कृतियों को समझना ज्यादा मुश्किल हो जाता है। अज्ञेय के सम्बन्ध में यह उक्ति चाहे ठीक उसी रूप में लागू नहीं होती, लेकिन उनकी 'भूमिकाएँ' कुछ ऐसा ही काम करती नजर जरूर आती हैं। 'शेखर' की भूमिका इसका सबसे सशक्त उदाहरण प्रस्तुत करती है। 'शेखर' के प्रसंग में इस तथ्य पर पहले भी विचार किया गया है। 'शेखर' की भूमिका पढ़ने के बाद 'शेखर' को समझना मुश्किल हो जाता है। यदि 'शेखर' के भावी संस्करणों में से यह भूमिका अलग कर दी जाय तो 'शेखर' की ज्यादा सन्तुलित समीक्षा सामने आएगी। डॉ. नगेन्द्र ने ठीक ही कहा है, कि यह भूमिका एक अनभ्यस्त व्यक्ति के द्वारा झूठ बोलने की असफल चेष्टा है। अगर यह भ्रम हो भी कि 'शेखर' अज्ञेय की आत्मकथा है तो भी लेखक की ओर से विस्तृत सफाई देने की आवश्यकता? 'कलाकार' और 'भोक्ता' के अन्तस्सम्बन्ध में एलियट का विख्यात उद्धरण एक स्पष्टीकरण की अपेक्षा अपराध की चेतना अधिक जाहिर करता है।

'आत्मनेपद' के निबन्ध अज्ञेय के विचारों से अधिक, उनकी विचार करने की 'बाध्यता' को व्यक्त करते हैं। पत्र, भूमिकाएँ, डायरी तथा रेडियो पर प्रसारित वार्ताओं से वे एकत्र किये गये हैं। लेकिन चूँकि उनमें लेखक ने अपने को कई कोणों से देखने का प्रयास किया है इसलिए पाठक को भी 'लेखक' को कई कोणों

से देखने की सुविधा मिल जाती है। उनसे स्पष्ट है कि 'लेखक' एक अत्यन्त स्व-चेतन (Self-conscious) व्यक्ति है। वह इन निबन्धों में आत्म-विश्लेषण करता है।* विचार उसके लिए आत्म-विश्लेषण के माध्यम हैं। किन्तु एक लेखक के रूप में यह चेतना भी उसे रहती है कि उसका यह आत्म-विश्लेषण अपने लिए कम और दूसरों के लिए अधिक है। वह अपने को देख रहा है, यह दूसरे भी देख रहे हैं। बल्कि उसका यह देखना दूसरों के लिए ही है। अज्ञेय ने अन्यत्र कहीं (जो इन संग्रहों में संगृहीत नहीं है) रचना पर विचार करने के खतरों की ओर संकेत करते हुए लिखा था कि अपनी रचना-प्रक्रिया पर अत्यधिक विचार करने की प्रवृत्ति कलाकार को एक रहस्यवाद की सीमा पर पहुँचा देती है (और जो उसकी मौत होती है)।

'आत्मनेपद' के निबन्ध रचना-प्रक्रिया के इस दोष से आक्रान्त नहीं हैं पर वे उससे मुक्त भी नहीं हैं—कलाकार के जिस 'धर्म और कर्म' की व्याख्या अज्ञेय करते हैं वह उन्हें 'अनुभूति' के रहस्यपूर्ण कक्ष तक तो छोड़ ही आता है। 'रचना-प्रक्रिया' पर स्पष्ट विचार 'मैं क्यों लिखता हूँ' शीर्षक छोटे से वक्तव्य में किया गया है और अज्ञेय सहज ही उसके मूल रूप तक पहुँचने में समर्थ होते हैं। 'हिरोशिमा के विस्फोट' पर कविता तब बनी जब कवि स्वयं उसका 'भोक्ता' बन गया : ''मैं कहूँ कि उस क्षण में अणु-विस्फोट मेरे अनुभूति-प्रत्यक्ष में आ गया—एक अर्थ में मैं स्वयं हिरोशिमा के विस्फोट का भोक्ता बन गया...मैं कहूँ कि कृतिकार या कवि जब सत्य से ऐसा भीतरी साक्षात करता है तब मानो वह एक बलि-पुरुष की तरह देवताओं का मनोनीत हो जाता है। और काव्यकृति ही उसका आत्म-बलिदान है, जिसके द्वारा वह देवताओं से उऋण हो जाता है। यही देवता से उऋण होने की छटपटाहट वह विवशता है जो लिखाती है...।'' इसी तरह 'जो न लिख सका' शीर्षक निबन्ध में वे लिखते हैं 'रचना के लिए दो चीजें चाहिएः एक तो कलात्मक अनुभूति या संवेदना, दूसरे उसके प्रति वह तटस्थ भाव जो उसे सम्प्रेष्य बना सके।' अर्थात् कलाकार के लिए पराई अनुभूति का 'भोक्ता' होना और अपनी

* '... आरम्भ से ही एक अतिरिक्त आत्म-चेतना का भाव है, क्योंकि सारी पुस्तक अपने विषय में है अपने व्यक्ति के, अपने जीवनानुभव के, अपनी रचना की प्रवृत्तियों के, अपने विश्वासों के और उन सूक्ष्म तत्त्वों के जिन्हें लेखक अपने कर्म के बुनियादी मूल्य या प्रतिमान मानता है! आत्मनेपद निस्सन्देह एक अत्यन्त आत्मचेतन (सेल्फ कांशस) रचना है।' (आत्मनेपद)

अनुभूति के प्रति 'तटस्थ' होना आवश्यक है और इस स्थिति की उपलब्धि के लिए 'एकान्त साधना' आवश्यक है, क्योंकि "...मैं अपने प्रति उत्तरदायित्व को प्राथमिक मानता हूँ और समाज के प्रति दायित्व को उसी से उत्पन्न...इसलिए कलाकार की एकान्त साधना को अत्यधिक महत्त्व देता हुआ भी मैं समझता हूँ कि समय-समय पर उसे महत्त्वपूर्ण सामाजिक समस्याओं पर अपना अभिमत प्रकट करना चाहिए।" लेकिन सामाजिक समस्याओं पर अपना अभिमत कलाकार किसी 'प्रतिबद्धता' से प्रेरित होकर नहीं करता—केवल इसलिए करता है कि उससे 'कलाकार की तद्धत प्रतिष्ठा से उस मत को जो अतिरिक्त गरिमा मिल जाती है, उसका उपयोग है।' अज्ञेय के लिए 'कला का क्षेत्र विशिष्ट का क्षेत्र हैः उसका सत्य विशिष्ट, अद्वितीय और मौलिक सत्य है और उसकी दृष्टि भी वैसी ही एक और अद्वितीय!'

ऊपर अज्ञेय के विचारों में जिस 'संघर्ष' की चर्चा की गयी है उसे प्रस्तुत सन्दर्भ में और ज्यादा स्पष्ट रूप में देखा जा सकता है। सामाजिक यथार्थ और सामाजिक समस्याएँ उनके निकट उपेक्षणीय नहीं हैं पर इतिहास की एकान्त अनुभूति, उसकी 'विशिष्टता' और अद्वितीयता का उनके लिए विशेष महत्त्व है। एक ओर अमूर्तता और उससे उत्पन्न 'रहस्य' की और दूसरी ओर 'राजनैतिकवाद'—और तद्जन्य कला की छिछली नारेबाजी से बचने की प्रवृत्ति 'अज्ञेय' के विचारों को कहाँ ले जाती है? क्या वह पुनः मुड़कर किसी अमूर्त भावना पर ही समाप्त नहीं होती? 'नये लेखक की समस्याएँ' में वे लिखते हैंः "उसे न समष्टि में विलीन हो जाना है, न निरे स्वच्छन्दतावाद में प्लावित होना है; न सर्वसत्तावाद स्वीकार करना है, न सम्पूर्ण अराजकता! वह उत्तरदायित्व युक्त नहीं है; पर उसका उत्तरदायित्व न तो अधिकार की अभ्यस्त पुरानी पीढ़ी का अपने अधिकार के प्रति उत्तरदायित्व है, न परिवर्तन का उत्तरदायित्व! उसका उत्तरदायित्व है स्वाधीन विवेक के प्रति!" अज्ञेय अनेक साहित्यिक और गैरसाहित्यिक समस्याओं का अन्तिम समाधान 'विवेक' और 'निजी स्वतन्त्रता' में पाते हैं। सौ मर्जों की एक दवा के रूप में वे 'विवेक' का नुस्खा ही तजबीज करते हैं। वे जिसे 'अपने प्रति उत्तरदायित्व' कहते हैं वह भी 'विवेक' का ही रूपान्तर है—यही 'विवेक' नैतिक भावना का भी पर्याय हैः "...आज का युवक लेखक इस अर्थ में उत्तरदायी नहीं है—यानी वह अपने प्रति उत्तरदायी नहीं है और उसकी दायित्वभावना का आधार नैतिक नहीं है। आज या तो वह किसी दल का सदस्य है और दल के प्रति

उत्तरदायी है, और वह दायित्व नैतिक नहीं राजनैतिक है—जहाँ उसका अपना विवेक दल की नीति से मेल नहीं खाता वहाँ दल को नहीं विवेक को छोड़ना ही सुसदस्यता है।''

अज्ञेय की दृष्टि में अतीतोन्मुख परम्परावादी और राजनैतिक धारा में निस्सहाय बहनेवाले दोनों ही प्रतिक्रियावादी हैं! और इन दोनों प्रकार की प्रतिक्रियावादिता से बचने का एकमात्र रास्ता 'विवेक' है। यानी सबसे बड़ा उत्तरदायित्व, सबसे बड़ी नैतिकता, 'विवेक' है। किन्तु यह 'विवेक' क्या है, अज्ञेय का उससे तात्पर्य क्या है—इसे कहीं स्पष्ट नहीं किया गया है! 'कलाकार' के लिए सबसे बड़ा मानदंड उसकी स्वतन्त्रता है—वही 'प्रतिष्ठाओं का मूल स्रोत' है। और इस 'स्वतन्त्रता' का आधार भी विवेक ही है! कला के क्षेत्र में भी स्वतन्त्रता की प्राथमिकता अपना विशेष अर्थ रखती है। मनुष्य का विवेक ही उसकी स्वतन्त्रता का आधार है और स्वतन्त्रता को प्रथम मूल्य मानना वास्तव में साहित्यालोचन को निःसंग विवेक पर आधारित करना है। इस प्राथमिक मान की रक्षा, जिससे और सब मान उद्भूत होते हैं और सब मर्यादाएँ ओर प्रतिष्ठाएँ जन्म लेती हैं, हम सबका उत्तरदायित्व है! इस प्रकार स्वतन्त्रता, उत्तरदायित्व, मान, मर्यादा, प्रतिष्ठा, सबकी व्याख्या (?) भी हो जाती है और वे अपना अर्थ खोकर 'विवेक' के अमूर्त कलेवर में समाहित हो जाते हैं। यह समस्या बनी ही रह जाती है कि 'विवेकशील' (?) पाठक किसे चुनें! सामान्यतः उसे अमूर्त विवेक की अपेक्षा स्थूल और प्रत्यक्ष 'राजनीति' अधिक समझ में आती है! आश्चर्य होता है कि अज्ञेय जो साहित्यिक असंगति और अन्तर्विरोध को बड़ी कुशलता से पकड़ और पहचान लेते हैं—वे स्वयं उसी प्रकार की असंगति के शिकार होते हैं। प्रत्यक्षतः वे साहित्य में अमूर्तता के विरोधी हैं—उसके खतरों को जानते हैं। 'अर्थ और यथार्थ' में वे इस ओर से चेतावनी देते हुए लिखते हैं: ''मुझे यह बात खतरनाक जान पड़ती है कि 'प्रकृति' 'मानव' 'जनता' 'मासेज'—ये सब उसके लिए अनुभव-गोचर यथार्थ न रहकर मानसिक परिकल्पनाएँ, एबस्ट्रैक्ट विचार-तत्त्व बन जाएँ! पर्यवेक्षण का क्षेत्र बढ़ाया जा सकता है, अनुभव की कमी को पूरा किया जा सकता है, पर अनुभवगम्य यथार्थ से कट जाने पर उससे फिर सम्बन्ध जोड़ना कहीं कठिन होता है, और परिश्रम साध्य होता है, अपने-आप तो कभी जुड़ ही नहीं सकता। अनुभव की कमी लेखक को केवल असमर्थ बनाती है, पर यथार्थ का यह बौद्धिकीकरण उसे आततायी होने का अतिरिक्त सामर्थ्य दे देता है।'' स्पष्टतः यहाँ अज्ञेय का इशारा दूसरी ओर है,

उनके विरोधी भी दूसरे हैं। पर क्या ये विरोधी तत्त्व स्वयं उन्हीं के विचारों में उपस्थित नहीं हैं? केवल 'राजनीति' में ही या दल विशेष के पूर्वग्रहों के भीतर ही 'शब्द' खोखले और अर्थहीन नहीं होते बल्कि जीवित यथार्थ से कट जाने पर स्वतन्त्रता, उत्तरदायित्व और 'विवेक' जैसे शब्द भी अमूर्त और अर्थहीन हो जाते हैं! बल्कि अज्ञेय ने खतरे की जिस वर्तमान स्थिति की ओर संकेत किया है—उससे पचासों वर्ष पूर्व ही ये शब्द अर्थहीन और मृत हो चुके हैं। उनकी कब्र में वर्तमान समस्याओं का समाधान ढूँढ़ना कहीं ज्यादा अनर्गल प्रयास है।

कारण स्पष्ट हैः 'परम्परा' और 'प्रगति' दोनों का एक साथ विरोध करने के बाद बच भी क्या सकता है! तब असहाय वैयक्तिक ईमानदारी ऐसे ही मृत सत्यों से साक्षात्कार की घोषणा करती है! अगर दोनों को (परम्परा और प्रगति) प्रतिक्रियावादी ही माना जाय तो प्रतिक्रिया करने के लिए रह क्या जाता है? लेकिन 'प्रगति' का पक्षपात करने से मार्क्सवाद का खतरा है जो शायद सब खतरों से बड़ा है[1] (?)। अतः अज्ञेय घूमकर फिर रूढ़िवादी मर्यादाओं को ग्रहण करते हैं। अपने विचारों में वे काफी हद तक इसी कारण नीतिवादी और मर्यादावादी हैं! उनका आचार-नियन्त्रण और 'आत्म-शिक्षण' उन्हें पुनः 'गुरुकुल' के आदर्शों की ओर ले जाता है। नीतिवादी की विवशता होती है कि वह पूर्वग्रहों से मुक्त होने की बात तो करता है पर नीति सम्बन्धी अनेक पूर्वग्रहों में पहले से ही आबद्ध होता है। इसी कारण नीतिवादी कभी बुद्धिवादी नहीं हो सकता। इसी से वे समस्याओं को 'विवेक' के निर्णय पर छोड़ देते हैं! वे साहित्यकार को उसकी परिस्थिति और संघर्ष की उपज मानते हैं। फिर उसका (साहित्यकार का) 'विवेक' उसकी 'परिस्थिति' की उपज कैसे नहीं होगा? अतः 'विवेक' के प्रति यह आग्रह, दुराग्रह और पूर्वग्रह के अतिरिक्त और क्या हो सकता है? 'विवेक' शायद सबसे खतरनाक शब्द है जिसपर आज व्यक्ति और उसकी समस्या को छोड़ा जा सके। क्या यह व्यक्तिवादिता की सीमा नहीं है? इसका उत्तर अज्ञेय सम्भवतः 'मौन' से देंगे! जो वे अविवेकी व्यक्तियों को प्रायः दिया करते हैं!

'अज्ञेय' का यह 'विवेक' सामाजिक यथार्थ की अवहेलना चाहे न करे पर उससे विमुख जरूर कर देता है! इसी कारण जब वे 'नये लेखक की समस्याओं'

1. 'कम्युनिज्म मुझे पसन्द नहीं है... राजनीति में वह आततायी सिद्ध हुआ है, दर्शन वह अधूरा और पंगु बनानेवाला है...।'

पर विचार करते हैं और पाते हैं कि आज का साहित्यकार 'उच्छिन्न' या 'निराधार' है तो उसका कारण उन्हें उसकी अत्यधिक बाह्य चेतना में दिखाई पड़ता है—वह 'आत्मचेतना' न देकर विश्व की घटनाओं के प्रति अत्यधिक संवेदनशील है—यही उसकी उच्छिन्नता का प्रमाण है। "ऐसा न होता तो साहित्य में ऐसी स्थिति की कल्पना भी असह्य थी जिसमें निकट या दूर, देश या विदेश में कहीं कोई घटना होते ही सारा साहित्यिक कृतित्व मानो बटन दबाकर उधर छोड़ दिया जाय।" यह सच है कि नये लेखक की यह समस्या है। परन्तु उसकी दृष्टि में समस्या का दूसरा पहलू है: उपरोक्त स्थिति उसका (नये लेखक का) लक्ष्य है! वह अन्तरराष्ट्रीय राजनैतिक चेतना का ऐसा अंग होना चाहता है कि उपरोक्त स्थिति को उपलब्ध कर सके! यह उसकी 'मूलहीनता' या 'उच्छिन्न' होने का परिचायक नहीं है बल्कि अपने समय के विश्व से उत्तेजक संयोग का द्योतक है! जिस युग और जिस दुनिया में वह जी रहा है उसकी प्रत्येक समस्या को वह अपने भीतर स्पन्दित करना चाहता है। सीमोन-दी-बुआ के शब्दों में वह "मानवता को अपनी नितान्त वैयक्तिक पीड़ा के रूप में देखना चाहता है" लेकिन सम्भवतः ऐसी 'बाह्य-प्रतिबद्धता' का अज्ञेय के 'विवेक' के लिए कोई अस्तित्व नहीं है! वे पुराने लेखक की तुलना में नये लेखक में 'आत्मविश्वास' का अभाव पाते हैं—जो स्वाभाविक है। फर्क यह है कि जिस उत्तेजना के साथ पुराना लेखक जलियाँवाला बाग, सत्याग्रह आन्दोलन और साम्प्रदायिक दंगों के प्रति प्रतिक्रिया करता था—वही उत्तेजना नया लेखक किसी अन्तरराष्ट्रीय स्थिति के प्रति भी अनुभव करता है! अगर वह बटन दबाकर उधर मुड़ जाता है तो इसलिए कि वह भी उनकी चेतना का अंग बन चुका है। उसकी बेचैनी न केवल स्वाभाविक है बल्कि अनिवार्य है—उसके दायित्व का हिस्सा है! निश्चित रूप से उसका यह 'दायित्व' अज्ञेय के विवेक-परिचालित दायित्व से भिन्न है। उसका पार्थक्य यहाँ भी स्पष्ट है कि 'विवेक' जहाँ निःसंग, तटस्थ, और एकान्त-साधनारत रहता है, वहाँ नये लेखक का दायित्व उसे प्रतिक्रिया के लिए प्रेरित करता है।

जैसा कि ऊपर बताया जा चुका है—'अज्ञेय' अपने इस 'विवेक' का पल्ला पकड़कर पुनः भारतीय-संस्कृति और परम्परा की ओर मुड़ जाते हैं! जिस तरह वे अमूर्तता के खतरों को जानते हुए भी 'अमूर्तता' का ही वरण करते हैं उसी तरह 'परम्परा' के खतरों को कसते हुए भी 'परम्परा' का ही वरण करते हैं और वहाँ भी अमूर्त आस्थाओं की ही प्रतिष्ठा करते हैं। कोई भी व्यक्ति जीवित-यथार्थ से

कटकर 'परम्परा' में ही आश्रय पाता है! जिस तरह 'विवेक' को 'अज्ञेय' सर्वोपरि मानते हैं उसी तरह 'भारतीयता' शीर्षक निबन्ध भारतीय परम्परा के मृत तत्त्वों का (वे मृत तत्त्व हैंः 'सनातन की भावना' और 'स्वीकार की भावना'!) निषेध करते हुए वे भारतीयता के 'जीवित' को आगे बढ़ाना चाहते हैं! और यह 'जीवित' आगे बढ़ सकता है केवल बेलाग, सचेत स्वाधीन 'जिज्ञासा' से! "हमें चाहिए वह बेलाग, सचेत स्वाधीन जिज्ञासा जो परिवृति में घिरी हुई भी, आगे देखें।" यह 'जिज्ञासा' ही जीवित भारतीयता है क्योंकि "इस प्रकार हम इस परिणाम पर पहुँचते हैं कि भारतीयता के मूल में जो भावनाएँ हैं, उनसे हमें मानवीय स्थिति की नगण्यता और जीवन के प्रति अवज्ञा का पाठ मिलता है।"

टी.एस. एलियट की भाँति ही अज्ञेय 'परम्परा' के जड़ तत्त्वों के विरोधी और 'जीवित तत्त्वों' के पोषक हैं। लेकिन उनके ये जीवित तत्त्व 'जिज्ञासा' पर ही समाप्त हो जाते हैं। इससे पृथक् वे जब भी परम्परा पर विचार करते हैं तो उन्हें 'परम्परा' ही ग्राह्य जान पड़ती है ''वास्तव में परिस्थिति उतनी असाध्य नहीं है। क्योंकि ऐसा नहीं है कि संस्कृति के नाम पर आज हमारे पास कुछ नहीं है और हमें कहीं न कहीं से कलम लाकर इस बंजर में लगानी है...हमारे पास बहुत कुछ है जो आशा का आधार है, बल्कि हमारे पास जो कुछ है वही तो आशा का आधार है, और उसी में से हमें नया आलोक, नयी गर्मी, नयी गति पानी है...सांस्कृतिक आदान-प्रदान पर हमें रोक नहीं लगानी है...भारतीय संस्कृति तो है ही समन्वित-संस्कृति : पहले आयात या कहीं-कहीं आरोप, फिर मिश्रण, फिर बाह्य प्रभाव को आत्मसात् करके उसी से अन्तःप्रेरणा, फिर उसी का प्रतिभा-प्रसूत नया प्रस्फुरन... लेकिन संस्कृति-विकास के लिए मानसिक-स्वातन्त्र्य अनिवार्य है...!'' ऊपर के उद्धरण से विरोधाभासों को छोड़ भी दिया जाय, तो भी क्या वह किसी स्वातन्त्र्योत्तर भारतीय नेता के 'आश्वासन भाषण' का उद्धरण नहीं लगता? अज्ञेय, विवेक, स्वाधीन जिज्ञासा, मानसिक स्वातन्त्र्य आदि भारतीयों (तथा बहुत से तथाकथित समाज-सुधारकों) द्वारा बहुत पहले से ही 'मृत' किये गये इन शब्दों के द्वारा कहाँ पहुँचना चाहते हैं? परम्परा का विरोध, फिर उसका समर्थन और इन जड़ शब्दों के द्वारा उसके जीवित-तत्त्वों की तलाश! 'आत्मनेपद' का 'आत्मविश्लेषण' ऐसे ही अमूर्त-निष्कर्षों तक पहुँचता है!

'प्रगतिवाद' की छिछली नारेबाजी का विरोध जहाँ उस युग की अनिवार्यता थी—वहीं उससे यह भी स्पष्ट होता है कि उनका विरोध जिन तत्त्वों को समर्थन

देता है—वे कहाँ ले जाते हैं? 'अज्ञेय' हिन्दी प्रगतिवाद को ही नहीं, बल्कि काफी हद तक साहित्य में ऐच्छिक प्रगति को ही नहीं मानते। संघर्ष चिरंतन है। वह शाश्वत और आत्यन्तिक है। इसलिए यह मानना पड़ता है कि साहित्य में, कला में, संघर्ष के किसी फल में प्रगति नहीं है, केवल गति है। और प्रगति वह इसलिए नहीं है कि उसमें ऐच्छिक प्रेरणा नहीं है। 'यह आगे है, मैं इधर ही बढ़ूँ' ऐसी कामना लेकर कला उस दिशा-विशेष में नहीं बढ़ती; ठीक उसी प्रकार जिस प्रकार पुरवा हवा यह नहीं सोचती कि 'यह पूर्व है, मैं इधर बढ़ूँ।' 'प्रतिबद्धता' के इस युग में 'प्रगति' विरोधी इस उद्धरण को क्या कहेंगे? आज साहित्यकार जहाँ सतर्कता तथा स्वेच्छापूर्वक अपना लक्ष्य चुनता है, जहाँ उसकी प्रत्येक क्रिया सचेतन-वरण से प्रारम्भ होती है वहाँ इससे बड़ी प्रतिक्रियावादिता और क्या मानी जाएगी?

'प्रगति' का विरोध करके 'अज्ञेय' 'प्रतीकों' द्वारा 'सत्यान्वेषण' करना चाहते हैं शायद इसलिए कि प्रतीक यथार्थ को ग्रहण करने के दूसरे अमूर्त साधन हैं! प्रतीक 'यथार्थ' को किस प्रकार विकृत करके—साहित्य को 'कलावाद' तक पहुँचा देते हैं यह फ्रेंच प्रतीकवादी आन्दोलन की असफलता द्वारा बहुत पहले ही सिद्ध हो चुका है। लेकिन अज्ञेय इसे स्वीकार नहीं करते। वे मानते हैं कि "को; भी स्वस्थ-काव्य-साहित्य प्रतीकों की, नये प्रतीकों की सृष्टि करता है और जब वैसा करना बन्द कर देता है तो जड़ हो जाता है।" उनकी इस उक्ति से किसी का सहज विरोध नहीं हो सकता—किन्तु कोई जब 'प्रगति' और साहित्यकार के सचेतन प्रयास का विरोध करके प्रतीकों का 'वरण' करता है—तो उसका यथार्थ-विरोधी दृष्टिकोण स्पष्ट लक्षित किया जा सकता है, यथार्थ से आँख मूँदकर ही वस्तुसत्य प्रतीक के रूप में दिखाई पड़ सकता है!

विचारक के रूप में 'अज्ञेय' की उपलब्धियाँ हमें कहीं ले नहीं जातीं। एक ईमानदार और परिश्रमी विचारक का दर्शन वहाँ अवश्य होता है—पर ईमानदारी एक असहाय स्थिति तक ही पहुँच पाती है! वे साहित्य के सन्दर्भ को व्यापक कर सके हैं जैसी कि उनकी प्रतिज्ञा है, अनेक प्रश्नों, समस्याओं को साहित्य के 'संकुचित घेरे' से निकाल भी सके हैं; अन्तर्विरोधों, असंगतियों और अन्तर्धाराओं को पहचानने की अद्भुत क्षमता उनमें है! एक अभ्यस्त और 'ट्रेंड' विचारक की अनुशासनप्रियता भी उनके विचारों में मिलती है! परन्तु पहले ही देखा जा चुका है कि अपनी निर्बंध स्वातन्त्र्यप्रियता के कारण, और किसी भी वस्तुगत प्रतिबद्धता

के अभाव में, उनकी विचार-प्रणाली हमें कहीं नहीं ले जाती क्योंकि उसकी परिणति 'अमूर्त' समाधानों में होती है!

अज्ञेय के त्रिशंकुकालीन प्रारम्भिक निबन्धों में जो सहज स्फूर्ति और साहसिक तत्त्व हैं वे 'आत्मनेपद' के निबन्धों में प्रवचन की शैली में समाप्त हो जाते हैं! एक 'सामयिक' विचारक के रूप में वे जो 'बोध' और दृष्टि लेकर प्रवेश करते हैं, वह भी क्रमशः शीतलता से युक्त होती हुई सामयिकता से कट जाती है! अन्त में उनकी उपलब्धि के रूप में थोड़े से अन्तर्दृष्टि सम्पन्न सूत्र-मात्र ही बच जाते हैं!

○○○